AF563681

[ADM]INISTRATION GÉNÉRALE DE L'ASSISTANCE PUBLIQUE A PARIS

NOTE

SUR LE

DROIT DES PAUVRES

LUE DANS LA SÉANCE DU 13 DÉCEMBRE 1869

A LA

COMMISSION SPÉCIALE

Instituée par arrêté de Son Excellence le Ministre de la Maison de l'Empereur et des Beaux-Arts,
en date du 19 mai 1869
pour examiner les questions qui se rattachent à la perception de ce droit,

Par M. A. HUSSON

MEMBRE DE CETTE COMMISSION

PARIS
PAUL DUPONT, IMPRIMEUR DE L'ASSISTANCE PUBLIQUE
RUE JEAN-JACQUES-ROUSSEAU, 41.

1870

ADMINISTRATION GÉNÉRALE DE L'ASSISTANCE PUBLIQUE A PARIS

NOTE

SUR LE

DROIT DES PAUVRES

LUE DANS LA SÉANCE DU 13 DÉCEMBRE 1869

A LA

COMMISSION SPÉCIALE

Instituée par arrêté de Son Excellence le Ministre de la Maison de l'Empereur et des Beaux-Arts, en date du 19 mai 1869, pour examiner les questions qui se rattachent à la perception de ce droit,

Par M. A. HUSSON

MEMBRE DE CETTE COMMISSION

PARIS

PAUL DUPONT, IMPRIMEUR DE L'ASSISTANCE PUBLIQUE

RUE JEAN-JACQUES-ROUSSEAU, 41.

1870

NOTE

SUR LE

DROIT DES PAUVRES

Depuis trois ou quatre ans, il s'est fait une grande agitation autour de la question du droit des pauvres. Quelques directeurs aux abois, cherchant en dehors des faits et des circonstances de leurs gestions les causes de leurs insuccès, ont d'abord jeté le cri d'alarme, et, à leur tête, le directeur du théâtre du Châtelet. Celui-ci, dans une brochure sur la liberté des théâtres, a donné le signal, et il a été suivi par le directeur de la Porte-Saint-Martin et par quelques autres directeurs de théâtres en déconfiture. La presse légère n'a pas tardé à intervenir, avec son ardeur habituelle, en faveur de l'industrie théâtrale pourtant désintéressée au fond, jusqu'à ce que plusieurs de ses organes, éclairés par une connaissance plus approfondie de la question économique et légale, en vinssent à plaider notre cause. Puis des amis plus chauds que compétents sont intervenus à leur tour. L'Administration des théâtres elle-même, naturellement soucieuse de leur prospérité, mais étrangère aux intérêts importants qui se rattachent à la perception d'une taxe presque deux fois séculaire et maintenue sous tous les gouvernements, n'a pas caché une certaine sympathie pour les réclamants ; si bien que les directeurs habiles et riches, qui s'étaient jusque-là tenus à l'écart, sont entrés à leur tour en campagne et sont venus demander, non le dégrèvement en faveur du public d'une taxe qui l'atteint bien réellement, mais l'attribution du droit à leur profit.

Il est une chose remarquable, c'est que, en dehors du monde des théâtres, à part quelques personnes qui se laissent guider par une interprétation sincère, sans doute, mais à coup sûr erronée des textes législatifs et des principes qui régissent l'impôt, le public, le vrai public, c'est-à-dire celui qui paye, s'étonne de ce qu'on ose, en son nom, soulever une question qui le laisse au moins indifférent, et nier la légitimité d'une taxe si justifiable à tous les points de vue.

Je jetterai d'abord un coup d'œil sur la législation, mais seulement pour faire ressortir le caractère de la taxe, et rectifier les erreurs qui se sont glissées dans le rapport de l'honorable M. Mathieu. Notre collègue, je le sais, s'excuse sur l'état du dossier qui lui a été communiqué par le Ministère. Le Ministère, à son tour, pourrait rejeter ces erreurs sur les directeurs de théâtres, car son dossier diffère peu de celui qui a été formé par les réclamants, et dont ils nous ont fourni le dépouillement dans leurs mémoires.

On a cherché à tirer parti des termes ci-après renfermés dans l'ordonnance du roi du 25 février 1699 :

« Sa Majesté... a cru devoir leur donner (aux pauvres) quelque « part aux profits considérables qui reviennent des opéras de musique », et l'on en a conclu que c'était sur les exploitations théâtrales elles-mêmes que la perception avait eu lieu dans l'origine ; mais l'ordonnance ne dit-elle pas que le sixième attribué à l'Hôpital général sera perçu « en sus des sommes qu'on perçoit et qu'on percevra à l'avenir? » On ne prenait donc rien sur les exploitations, et c'était le spectateur qui était imposé. Les mots *profits considérables* ne peuvent s'entendre que des sommes importantes que le public dépensait déjà pour le plaisir du spectacle.

Au surplus, l'ordonnance contentieuse du 4 mars 1719, rendue vingt ans après, fournit, à cette distance rapprochée, une interprétation très-claire et très-significative de l'ordonnance royale qui avait établi la

taxe ; il est bon de la citer : « Sa Majesté étant informée que, au préju-
« dice desdites lettres patentes et ordonnances, dont les dispositions
« sont si précises, les directeurs de l'Opéra et les comédiens français et
« italiens ont, depuis quelques mois, prétendu que le sixième et le neu-
« vième, ci-devant attribués à l'Hôpital général et à l'Hôtel-Dieu, ne
« devraient être perçus qu'après avoir prélevé les frais de représenta-
« tion, ce qui est manifestement contraire aux termes desdites lettres
« patentes et ordonnances, et ne peut d'ailleurs avoir aucune apparence
« de justice, d'autant que le sixième et le neuvième étant perçus par
« augmentation, les directeurs de l'Opéra et les comédiens reçoivent,
« pour leur compte, les sommes qu'ils faisaient précédemment sans
« aucune diminution, et sur lesquelles ils étaient obligés de payer les
« mêmes frais auxquels les spectacles sont nécessairement assujettis ;

« Ordonne que, conformément aux lettres patentes et ordonnances
« des 25 février 1699, 31 août 1701 et 5 février 1716, le sixième et le
« neuvième continueront à être perçus au profit dudit Hôtel-Dieu et de
« l'Hôpital général, par augmentation des sommes qu'on recevait avant
« lesdites lettres patentes et ordonnances, pour les places et les entrées
« aux opéras, comédies et autres spectacles publics qui se jouent à
« Paris par permission de Sa Majesté, même aux spectacles des foires,
« sans aucune diminution ni retranchement, sous prétexte de frais, ni
« autrement. »

Ainsi a été fixée, presque à l'origine, la nature de l'impôt, qui apparaît avec son caractère de taxe de consommation, levé sur le spectateur et non sur l'entreprise théâtrale.

Ce caractère, M. Dupin l'a fait ressortir, en 1851, devant l'Assemblée législative, avec cette force et cette netteté qui étaient le propre de son éloquence, et il portait la conviction dans tous les esprits : « Dans
« l'état actuel des choses, disait M. Dupin, l'impôt ne porte pas sur
« l'entrepreneur ni sur l'entreprise : il porte sur le spectateur ; c'est à
« lui qu'on a dit : partout où vous payerez 20 sous pour entrer au
« spectacle, vous ajouterez 2 sous pour les pauvres; partout où vous
« donnez 3 francs, vous donnerez 6 sous pour les pauvres; et s'il y
« avait encore deux caisses, comme dans l'origine, vous donneriez le
« prix de la place intégralement au théâtre, et vous verseriez dans le
« tronc des pauvres les sous additionnels pour les pauvres. Voilà, en

« réalité, le caractère de l'impôt : l'impôt procède du prix de la place, « mais il est en sus, et ne peut être confondu avec ce prix (1).

« Si vous mettez maintenant le tout dans la même caisse, si celui « qui donne les billets reçoit à la fois et leur prix et le dixième en sus, « il reçoit bien l'argent du spectateur, mais ce n'est pas pour la caisse « théâtrale ; il ne reçoit, pour cette caisse, que ce qui est pour le spec- « tacle ; c'est comme dépositaire préposé des hospices qu'il reçoit le « dixième, et à la charge de le rendre immédiatement aux hospices. »

Ce sont ces paroles si vraies que MM. les directeurs de théâtres ont qualifiées ironiquement d'argument Dupin. Il leur serait utile d'en posséder un pareil dans leur dossier.

On voit que les directeurs de spectacles étaient considérés comme désintéressés personnellement dans la charge imposée aux spectateurs par l'ordonnance de Louis XIV.

On a cité un arrêt du Conseil de 1757, qui aurait admis, en faveur des directeurs de spectacles, le principe de la déduction des frais de représentation. Cet arrêt, cité par MM. Paulmier et Lacan, n'existe pas, et nous pouvons affirmer que jamais, à aucune époque, il n'a été fait de réduction d'aucune sorte sur le droit du sixième revenant à l'Hôpital général. Les concessions qui ont été consenties, à titre purement accidentel, s'appliquent uniquement au neuvième accordé à l'Hôtel-Dieu, indépendamment du sixième dont il vient d'être parlé. En fait, les administrateurs de l'Hôtel-Dieu avaient, déclarent les ordonnances, négligé de continuer à percevoir *journellement, comme ils en avaient le droit*, la taxe du neuvième ; les directeurs de l'Académie royale de musique et les comédiens français et italiens s'étaient ainsi mis en retard, et ils alléguaient leur impossibilité de rapporter les sommes dues sur le

(1) En effet, le tarif des théâtres faisait ressortir, il n'y a pas longtemps encore, la distinction entre le prix de la place et le droit à verser pour les pauvres. Tout le monde se rappelle notamment les tarifs ci-après :

Théâtre-Français..	1res loges, 6 fr. 60., soit :	6 francs pour le théâtre. 0 fr. 60 c. pour les pauvres.
	parterre 2 fr. 20 c., soit :	2 francs pour le théâtre. 0 fr. 20 c. pour les pauvres.
Gymnase.	parterre 1 fr. 65 c., soit :	1 fr. 50 c. pour le théâtre. 0 fr. 15 c. pour les pauvres.

montant des locations, abonnements et crédits dont l'usage commençait à se répandre. C'est pour liquider cette situation embarrassée, que, par divers actes, l'autorité consentit, mais d'une façon intermittente, et à la condition de la reconnaissance formelle du droit de percevoir le neuvième par augmentation sur la totalité de la recette, à tenir compte, par voie d'atténuation, d'une certaine somme (600 livres pour l'Opéra et 300 livres pour les comédies française et italienne), à laquelle on évaluait alors les frais de représentation.

Plus tard, et pendant une période qui paraît avoir été de neuf années, la perception fut faite rigoureusement pour les deux droits, mais sous forme d'abonnement. En 1762, l'Opéra payait annuellement 70,000 livres; il paye aujourd'hui 142,000 francs. A la même époque, le Théâtre-Français avait un abonnement de 60,000 livres ; le droit perçu actuellement est de 91,000 francs. Toute proportion gardée, il est évident que la situation présente est, au point de vue de l'intérêt des théâtres, de beaucoup préférable à l'ancienne (1). Au surplus, M. Mathieu reconnaissant et la légalité du droit et son assiette sur la recette brute, sous l'ancienne législation comme sous la nouvelle, il est superflu d'insister à ce sujet.

Le rapport de notre collègue argue encore de ce que l'édit de 1699 parlait des établissements existant par la permission du Roi, pour prétendre que l'impôt était corrélatif du privilége. Si l'impôt est, comme nous l'avons démontré, établi sur le spectateur et non sur le spectacle, l'argument tombe de lui-même. D'ailleurs, si l'on recherche quelle était la législation économique de l'époque et spécialement quelles ressources financières avaient été constituées alors au profit des établissements hospitaliers, on constatera qu'il existait, indépendamment du droit des pauvres sur les entrées dans les spectacles, différents droits sur le sel, le vin, le poisson, la viande, etc.; c'était donc, pour ces denrées, comme

---

(1) On peut ajouter que, jusqu'en 1831, tous les théâtres de France payaient une redevance de 5 0/0 au profit de l'Opéra ; cette redevance s'ajoutait au droit des pauvres. Les directeurs de théâtres étaient, en outre, assujettis, avant 1864, à l'obligation de fournir, pour garantie de leur gestion, un cautionnement qui était la condition absolue de la concession du privilége. La concession, d'ailleurs, était limitée à neuf années. Les théâtres se trouvent affranchis maintenant de cette double et onéreuse obligation.

pour le plaisir du spectacle, la consommation qui était imposée et non pas le privilége. J'ajouterai que, lorsqu'on parle des petits établissements et des spectacles de foire, on paraît avoir perdu de vue qu'ils devinrent passibles de l'impôt, sans que pourtant ils fussent concessionnaires de priviléges royaux.

Il serait facile de citer aujourd'hui des exemples de taxes imposées à des industries vivant plus ou moins sous le régime de la permission ; mais nous nous bornerons à mentionner la taxe d'octroi sur la viande de boucherie. Cette taxe, établie sous le régime du privilége de la profession et de la limitation du nombre des étaux, n'a pas moins été maintenue quand le commerce de la boucherie est devenu libre.

M. Mathieu vous a dit que le décret du 4 août 1789 avait supprimé le droit des pauvres sur les spectacles. En théorie, c'est possible, mais en droit et en fait, non ; car cette loi avait décidé que les droits supprimés continueraient d'être perçus suivant les lois et règlements, jusqu'à ce que les possesseurs fussent entrés en jouissance de leur remplacement. La taxe n'a donc point été supprimée absolument, et, en effet, après une année à peine, la loi des 16-24 août 1790, en attribuant aux municipalités le droit d'autoriser les spectacles, met à la charge de ces derniers une redevance pour les pauvres. Cette redevance même était discrétionnaire, car aucune limite n'était posée. Un peu plus tard, le 11 nivôse an IV, on impose aux théâtres, au profit des pauvres, une représentation par mois, dont la recette tout entière leur est attribuée.

Le droit des pauvres se perçoit donc sans interruption, depuis Louis XIV jusqu'à la loi du 7 frimaire an V qui l'établit sur ses bases actuelles, en spécifiant toujours qu'il sera perçu *en sus du prix de la place*, c'est-à-dire sur le spectateur.

Ce point n'est pas contesté dans le rapport que je combats, et je n'ai pas non plus à m'y arrêter. Je passe donc au décret du 9 décembre 1809 qui a rendu la taxe permanente jusqu'en 1817, époque où cette perception a pris place dans les lois de finances.

Notre collègue a allégué, d'après des renseignements erronés qui lui ont été fournis, que le décret de 1809, en même temps qu'il concédait définitivement le droit des pauvres sur les spectacles, avait réduit le nombre de ces établissements ; c'est là une inexactitude qu'il a reconnue lui-même. Le décret sur la limitation du nombre des théâtres est antérieur de deux ans et demi, puisqu'il est du 29 juillet 1807. J'ai recherché avec soin le rapport qui a dû précéder ce dernier décret ; mais il ne s'est retrouvé, ni au Conseil d'État, ni au Ministère de l'Intérieur, ni aux Archives de l'Empire (1). Au contraire, j'ai pu me procurer le rapport qui a précédé le décret du 9 décembre 1809, et ce document ne contient pas un mot qui puisse autoriser à prétendre qu'il y avait le moindre lien entre les deux mesures.

Du reste, il résulte des souvenirs précis de quelques comtemporains, que c'était pour mettre un terme à la confusion des genres et pour placer sous une certaine discipline les théâtres qui, au point de vue moral, commençaient déjà à s'émanciper, que l'Empereur, continuant l'œuvre commencée par le décret du 8 juin 1806, avait voulu que le Ministère de l'Intérieur fixât le genre de chaque théâtre et soumit à des règlements particuliers certains spectacles qui ne disparurent point, mais auxquels on interdit de porter le nom générique de théâtre.

Il est tout à fait inexact que le décret du 29 juillet 1807 ait réduit le nombre des théâtres de 40 à 8. Il n'y a jamais eu 40 établissements dramatiques à Paris. Un tableau que nous avons dressé, et que l'on trouvera à la suite de cette note, constate qu'au mois de juillet 1807, c'est-à-dire avant le décret de limitation, il n'existait que 13 théâtres et 12 établissements divers (bals, concerts, spectacles de curiosités, etc.) : en tout, 25 établissements sujets à la perception.

La conséquence du décret a été de supprimer 5 théâtres de dernier ordre dont 3 théâtres d'enfants (les théâtres : des Jeunes Élèves, des Jeunes Comédiens et des Jeunes Artistes), et deux théâtres d'adultes (le

---

(1) Le rapporteur du projet de loi sur les théâtres, communiqué en 1849 au Conseil d'État, M. Charton, paraît avoir été plus heureux que nous. Dans son rapport du 5 mars 1850 présenté à la section de législation, il cite ce passage de l'exposé des motifs du décret du 8 juin 1806, qui justifie de tous points notre appréciation : « Toutes « ces folles entreprises qui se succèdent si rapidement, ruinent les grands théâtres, « découragent les auteurs, occasionnent une foule de banqueroutes, excitent les plaintes « et les regrets d'un grand nombre de familles qui voient leurs enfants entrer par sé- « duction dans une carrière qui leur ferme toutes les autres, sans leur donner une exis- « tence assurée, et *qui corrompt le goût, en attirant, par des nouveautés plates ou « obscènes, la jeunesse qui se trouve ainsi éloignée des vraies écoles du goût et des « talents.* »

théâtre Molière et le théâtre des Troubadours). De bonne foi, peut-on prétendre que la suppression de ces cinq théâtres ait été une source de fortune pour les huit grandes scènes qui ont été maintenues !

En 1809, au moment où parut le décret qui a prononcé la prorogation du droit des pauvres, il existait, d'après un autre tableau que nous avons dressé et que l'on trouvera placé à la suite du premier, 20 établissements passibles du droit, savoir : 8 théâtres et 12 spectacles divers. Il ne manquait donc toujours que les 5 petits théâtres ci-dessus indiqués.

Nous devons remarquer, d'ailleurs, que privilége n'est pas synonyme de monopole (1), et qu'il y a eu, surtout depuis 1809, une grande facilité dans l'octroi des permissions pour ouvrir des spectacles, car les établissements théâtraux étaient aussi nombreux à Paris, avant le décret de liberté qu'après.

Pour terminer cet exposé de la législation que j'ai pris soin de borner à ce qui est vraiment utile à la discussion actuelle (2), je dois dire que ce n'est pas en vertu d'une ordonnance de police du 17 mai 1732, ainsi que le rapport de M. Mathieu l'exprime, que les directeurs de théâtres perçoivent eux-mêmes le droit des pauvres, mais par suite d'un arrêté du gouvernement du 29 frimaire an v, qui paraît avoir été rendu surtout afin d'éviter l'encombrement au bureau d'entrée, et les retards qui auraient été causés au public par une double perception. La menace renouvelée périodiquement par MM. les directeurs de théâtres d'interrompre la perception du droit n'a donc rien de sérieux, puisque le décret du 6 janvier 1864 qui a institué la liberté des exploitations théâtrales, a formellement maintenu, comme condition de cette concession, la perception du droit et les règlements qui y sont relatifs.

Il est une observation que notre collègue a présentée sous la forme assez vive d'un reproche, et à laquelle je tiens particulièrement à répondre. D'après lui, l'Administration des hospices aurait eu le tort de ne pas faire profiter les théâtres du bénéfice de l'abonnement, selon la faculté laissée à son appréciation. Dans la pensée qui a dicté l'argument, l'a-

(1) Nous avons rappelé plus haut que les privilèges accordés aux directeurs des théâtres n'étaient concédés que pour neuf ans.

(2) On trouvera aux annexes le texte des lois modernes sur lesquelles la perception est assise.

bonnement équivaudrait à une réduction du droit ; mais alors, à quoi servirait la fixation par laquelle les lois de finances en ont réglé la quotité ? L'abonnement est une mesure de circonstance et de fait, qui trouve sa raison d'être, bien plutôt dans l'intérêt de l'autorité qui perçoit que dans celui du contribuable. L'Administration hospitalière passe des abonnements, lorsque la recette est minime et que les frais de contrôle seraient hors de proportion avec le produit. Les rares abonnements qu'elle a consentis, à diverses époques, pour de petits établissements, n'ont jamais été que matière à rivalité et à jalousie de la part des autres entreprises.

On nous fait un autre grief de ce qu'à l'encontre des théâtres, les bals et les établissements de même nature seraient abonnés ; je réponds qu'ils ne jouissent pas de cette faveur : ils sont contrôlés au huitième. Si les concerts quotidiens payent, comme les théâtres, la taxe du dixième, c'est que la loi de finances de 1841 en a décidé ainsi.

Les cafés-concerts qui paraissent être le point de mire des directeurs de théâtres et sur lesquels on semble appeler les rigueurs de l'Administration, payent de même un abonnement égal au huitième de leurs recettes, déduction faite de la valeur des consommations. Le montant en est fixé, après vérification mensuelle des livres, et après inspection des salles. Il est interdit à ces établissements de percevoir aucun droit d'entrée, et dès lors, la base de la perception manque. Si l'Administration des théâtres obtenait de M. le Préfet de police le retrait de cette interdiction, et si les règlements que l'autorité a encore le droit de faire pour ces établissements pouvaient leur imposer la fixation d'un prix d'entrée sérieux, la perception serait mieux assise et l'Administration de l'Assistance publique ne pourrait en être que satisfaite. L'Administration des théâtres, qui entend protéger l'intérêt des scènes secondaires, à l'encontre de ces établissements, pourrait aussi solliciter de la Préfecture de police le retour à l'ordonnance du 1er juillet 1864, qui interdit aux cafés-concerts de procéder aux exécutions vocales ou instrumentales autrement qu'en habit de ville, sans costume ni travestissements, sans décors et sans mélange de prose, de danse et de pantomime.

M. Mathieu vous a parlé de l'énormité de la taxe qui pèse sur les théâtres. Selon lui, cette taxe serait telle, qu'elle *raréfierait* la consommation ; il est même allé jusqu'à la qualifier d'*écrasante* et même d'*injuste*. Or, cette taxe qui est du dixième EN SUS, c'est-à-dire du onzième de la recette, équivaut à 9 fr. 09 0/0. Est-ce là un impôt bien lourd, surtout s'il est payé par le spectateur? Combien d'industries, combien de consommations sont frappées de droits plus considérables : les propriétaires de salines, les fabricants de sucre et les débitants de boissons s'estimeraient heureux si l'impôt qui grève la marchandise qu'ils produisent ou qu'ils vendent ne dépassait pas cette proportion (1).

Que l'on jette seulement un coup d'œil sur le tarif de l'octroi de Paris, et l'on verra si un grand nombre de denrées, celles qui entrent dans la consommation journalière des ouvriers, telles que les vins communs et les alcools, ne sont pas assujetties à une taxe autrement lourde pour les consommateurs (2). Par qui, d'ailleurs, est payée la plus grande partie du droit des pauvres? N'est-ce pas par les étrangers et par les habitants de la province qui viennent en grand nombre à Paris et qui comptent les plaisirs du spectacle parmi les jouissances les plus attrayantes ?

Quelques chiffres prouveront, contrairement à l'assertion de M. Mathieu, que la consommation du plaisir du spectacle est bien loin de di-

(1) Voici quelques exemples de proportionnalité de l'impôt perçu au profit du Trésor :

Tabacs	150 p. 0/0	Spiritueux.— Droit de consommation	100 0/0
Sel	100 —	Successions de 1,15 à 10,35 — (et même davantage, par suite de la non-réduction du passif.)	
Sucre	60 —	Places dans les chemins de fer et voitures publiques	10 —
Cartes à jouer	30 —	Impôt mobilier (à Paris)	3, 6 et 9 —
Timbre des journaux, affiches, brochures, etc.	66 —		
Boissons. — Vente au détail.	15 —		

(2) Droits d'octroi et autres :

Vins communs	100 p. 0/0	Glace à rafraichir	30 0/0
Alcools, liqueurs, etc.	100 à 200 —	Concessions de terrains pour sépulture (au profit des pauvres)	20 —
Pâtés truffés, gibier, etc.	30 à 40 —	Taxe sur les chiens. — par tête	10 francs.
Saumon, turbot, etc.	25 à 30 —		
Volaille	15 à 18 —		

minuer. On voit, en effet, que, de 1849 à 1853, la recette générale des théâtres soumis au contrôle de la perception, a été, pour les cinq années cumulées, de . . . . 43,541,269 fr.

Dans la période suivante, de 1854 à 1858, cette recette s'est élevée à. . . . . 61,663,739 »

Pendant la période de 1859 à 1863 (dernière du régime du privilége), la recette a monté à. . . . . 70,391,447 »

Enfin, de 1864 à 1868 (1re période du régime de la liberté), les produits ont atteint (1). . . . . 83,958,672 »

Il résulte de ces chiffres qu'en vingt ans, les recettes des théâtres ont presque doublé. On voit aussi que, dans l'espace très-court, écoulé depuis 1863, et sous le régime même de la liberté, les produits se sont accrus de plus de 13 millions.

Mais, disent les directeurs de théâtres, nous sommes soumis à des frais considérables, et nous ne pouvons élever suffisamment le prix de nos places : nous ne manquerions pas d'éloigner le spectateur. Malheureusement pour cette argumentation, les faits constatés donnent un démenti formel à cette prétendue impossibilité : car, depuis 1864, les tarifs ont été augmentés de 20 °/₀ (2). Or, si les frais généraux se sont accrus dans la période des quinze dernières années, ce n'est guère depuis le régime de la liberté, et les théâtres ont trouvé, dans l'augmentation rapide de leurs recettes, survenue depuis cinq ans, des ressources suffisantes pour couvrir à la fois les droits des auteurs et le droit des

---

(1) L'amélioration a continué en 1869 : les recettes de cette année sont supérieures de 1,804,604 fr. 57 c. à celles de 1868. Voir aux annexes l'état des recettes des théâtres dans les quinze dernières années.

(2) Le produit *du plein* des principales salles de théâtres était, avant 1864, de 66,519 fr.
Depuis la liberté, il s'est élevé à. 80,124

La différence en plus est donc de. 13,605 fr.

Mais en fait, l'augmentation est bien supérieure; car le calcul n'a pu être fait que sur le prix des places prises au bureau, et l'on peut dire, sans exagération, que les prix de location, qui sont de 2 francs ou de 1 franc plus élevés pour chaque place, font monter le supplément de recettes à 25 ou 30 0/0 au moins.

pauvres. Et remarquez que les directeurs ne se sont même pas bornés à augmenter le prix des places : ils ont transformé en places d'un prix élevé un grand nombre de places à bon marché, et aujourd'hui il est même des théâtres où le parterre n'existe plus (1).

On peut ajouter que les théâtres, qui usent largement de la faculté d'interrompre leurs représentations, ne se font pas faute de chômer, même en dehors de la saison des grandes chaleurs, quand cette mesure est utile à leurs intérêts ; ils diminuent ainsi, d'une manière très-notable leurs frais, sans compter le bénéfice des tournées de province. Je ne fais que mentionner, en passant, les combinaisons par lesquelles certains théâtres refusent au public une grande partie des billets pris à

---

(1) Nous aurions pu donner, pour les principaux théâtres, un tarif comparatif du prix des places avant et après la liberté ; mais nous nous bornerons à indiquer ci-dessous comment les théâtres, quoi qu'ils en disent, ont usé des facultés dont ils jouissent aujourd'hui, rien qu'en ce qui concerne les places modestes à la portée des classes moyennes.

Tout le monde se rappelle qu'il y a 20 ans à peine le prix du parterre était :

à l'Opéra, de.	3 fr.	60 c.
à l'Opéra-Comique, de.	2	50
aux Français, de	2	20
au Vaudeville, de	2	»
au Gymnase, de.	1	65
aux Variétés, de.	2	»
au Palais-Royal, de.	1	25

Or, ce prix est actuellement, pour environ les trois quarts de ces anciennes places, ces trois quarts ayant été convertis en stalles et fauteuils d'orchestre :

A l'Opéra, de	10 fr.	Le dernier quart, conservé comme parterre, est au prix de.	5 fr.	
A l'Opéra-Comique, de . .	7	Trois banquettes seulement conservées.	2	50
Aux Français, de	6	Le quart seulement est conservé. . .	2	50
Au Vaudeville, de. .	5 et 4	Plus de parterre.	Néant.	
Au Gymnase, de	5	Trois banquettes seulement conservées.	2	50
Aux Variétés, de	6	Trois banquettes seulement conservées.	2	»
Au Palais-Royal, de	6	Trois banquettes seulement conservées.	1	»

Sans compter le supplément de prix habituel de 1 ou 2 francs, par place prise en location.

l'avance et s'entendent avec les agences pour lui faire payer des prix exorbitants (1).

Il n'est donc point vrai que les théâtres aient souffert, en quoi que ce soit, de la liberté de leur industrie, et qu'ils soient fondés dans la prétention de s'attribuer les sommes que les spectateurs versent dans leurs mains, pour acquitter la taxe des pauvres (2).

Mais le grand argument que l'on fait valoir, ce sont les faillites de quelques directeurs. Quelle est donc l'industrie où les faillites ne se produisent pas, lorsqu'on s'y engage non-seulement sans capitaux, mais avec des dettes personnelles, lorsque l'on néglige de compter de près, comme dans toutes les spéculations commerciales, et qu'on veut encore tirer de son exploitation de quoi alimenter le luxe d'une grande vie ? Parmi ces faillites dont on a fait tant de bruit, en est-il plusieurs qui, considérées en elles-mêmes, abstraction faite des personnes, puissent ex-

---

(1) Le 3 mars 1869, les agences vendaient 200 francs des places de fauteuils d'orchestre cotées 10 francs au tarif de l'Opéra, et 35 francs des places de parterre valant 5 fr. A ces mêmes agences, on vendait 11 francs les places d'orchestre des Français, tarifées 6 fr. ; 40 francs les mêmes places valant 25 francs aux Italiens ; 11 francs, les places de 6 francs au Gymnase ; 9 francs celles de 6 francs au Palais-Royal ; enfin 7 francs les places de 3 fr. 50 aux Folies-Dramatiques.

(2) Voici au surplus l'opinion exprimée à ce sujet par M. Hostein, dans sa brochure sur la liberté des théâtres, 1867, page 35 :

« La première de toutes les conséquences de la liberté semblait, avant le 1er juillet « 1864, devoir être l'éclosion instantanée d'une foule innombrable de théâtres.

« Les timides prédisaient la concurrence effrénée, les faillites succédant aux faillites, « le bouge remplaçant la salle de spectacle, la langue dégradée se pavanant sur les scènes « nouvellement improvisées ; bref, Paris devait être subitement transformé en une Baby- « lone et une Babel théâtrales.

« Sérieuses ou plaisantes, ces craintes étaient chimériques.

« Qu'aux premiers jours de la liberté théâtrale, des spéculateurs alléchés par l'espoir de « grosses recettes, aient bâti quelques théâtres de plus qu'il n'en fallait pour les diver- « tissements de la population parisienne, cela les regarde. Qu'il y ait eu des catastrophes, « c'est possible ; tous les jours, on voit un industriel faire faillite, et les directeurs de spec- « tacles ne sont, après tout, que des industriels. Cependant on commence à voir que le prix « élevé du terrain retient les plus audacieux et que les capitalistes ne se lanceront désor- « mais, qu'après mûre réflexion, dans la construction de grandes salles nouvelles. L'indus- « trie théâtrale subissant, comme les autres industries, l'inexorable loi de l'offre et de la « demande, tout se règle déjà le plus naturellement du monde. »

citer beaucoup d'intérêt : le bilan de presque tous ces directeurs en déconfiture est notoirement chargé de dettes qni accusent l'imprévoyance administrative ou l'inhabileté littéraire. Je puis à cet égard mettre sous les yeux de la Commission, sans commettre aucune indiscrétion, quelques chiffres relevés au greffe du tribunal de commerce, où ils étaient d'ailleurs à la disposition du public.

Les faillites des théâtres, déclarées en 1868 et 1869, portent sur des sommes importantes.

Pour la faillite du théâtre de la Porte-Saint-Martin, on a déclaré un passif social de. . . . . 623,724 fr.

Le passif personnel du directeur était, en outre, de 198,238 »

Ce théâtre avait fait, en 1867, pendant la durée de l'Exposition universelle, une recette de 465,230 francs supérieure à celle de l'année précédente; il avait réalisé aussi, un peu auparavant, des recettes abondantes avec la pièce de la *Biche au Bois*. Ces avantages eussent suffi, sous une administration ordinaire, pour couvrir l'arriéré qui pouvait charger la gestion. On voit, au surplus, en 1869, les recettes de ce théâtre s'élever de 529,877 fr. 45 c. en 1868, à 1,180,014 fr. 55 c. en 1869.

Le théâtre du Châtelet a eu aussi une série de pièces à succès ; cependant le passif déclaré de sa faillite a été de . 1,132,826 fr. » c.

Il y avait également un passif personnel au directeur de . . . . 97,000 »

Ce théâtre lui-même a vu améliorer ses recettes en 1869 ; elles ont monté à 809,687 fr. 85 c., après être restées à 532,778 fr. en 1868.

La faillite du Théâtre-Lyrique s'est élevée à. . 1,234,825 fr. » c.

Le passif déclaré personnel au directeur était de 172,850 »

Ces chiffres élevés se comprennent difficilement, en présence surtout d'un supplément de recettes de 365,478 francs que ce théâtre a encaissé en 1867. Malgré les vicissitudes de la direction et une sorte de désorganisation de son personnel, le Théâtre-Lyrique, dont la recette n'avait été, en 1868, que de . . . . 372,292 fr. 40 c.
l'a vue s'élever, en 1869, à . . . . 439,429 »

La faillite du théâtre des Menus-Plaisirs a été déclarée d'office ; le passif était de . . . . 441,426 fr. » c.

Pendant les deux années de la gestion du directeur, il a été payé pour la taxe des pauvres . . . 45,805 »

Ce n'est donc pas le droit perçu au profit des indigents qui a été la cause de cette déconfiture. En effet, les embarras de cette exploitation ne proviennent pas de la faiblesse des recettes, puisque celles-ci, après avoir été de . . . . 190,000 fr. » c.
s'étaient élevées, en 1866, par suite du succès de *Geneviève de Brabant*, à . . . . 300,535 »

La faillite du théâtre de l'Athénée a été évaluée par le syndic à . . . . 200,000 »

Pendant les dix mois de cette gestion, les recettes ont été de . . . . 257,292 »

Le droit des pauvres de . . . . 23,389 »

Il n'y a donc encore aucune relation possible entre la faillite de ce théâtre et la perception de l'impôt.

Il en est de même de la faillite du théâtre de la Gaîté. Pendant une gestion de dix mois seulement, les recettes se sont élevées à . . . . 717,753 fr. » c.

La perception des hospices n'a pas dépassé. . 65,549 »

Le passif de la faillite, qui a été déclarée d'office, comme les deux précédentes, était évalué à . . . 650,000 »

Le droit des pauvres n'est donc pour rien dans cette faillite, dont les causes sont trop évidentes. La gestion des directeurs de ces deux derniers théâtres (Athénée et Gaîté) a été courte et triste. Ces directeurs venaient de quitter la littérature légère pour se jeter dans l'industrie théâtrale, dans les meilleures intentions sans doute, mais sans y avoir acquis la moindre expérience, et surtout sans y apporter personnellement aucuns capitaux pour faire face aux premiers besoins de l'entreprise. Il est à remarquer que le théâtre de la Gaîté, qui est passé dans les mains d'un de ses créanciers, simple marchand de bois, a su ensuite, avec de l'ordre et des pièces bien choisies, faire de bonnes recettes (1).

Je pourrais aussi mettre sous vos yeux la liste assez nombreuse des directeurs qui ont fait ou qui font fortune ; leur nom est dans toutes les bouches. Pour ne parler que du présent, est-ce que le théâtre du Palais-Royal n'a pas donné 32 0/0 à ses actionnaires, sans compter le traitement de 25,000 francs dont jouit chacun de ses deux directeurs, et une réserve faite pour la saison d'été? Est-ce qu'il n'est pas notoire que les habiles directeurs actuels du Gymnase et des Variétés ont su gagner une belle fortune, assurément méritée, dans l'exploitation de ces théâtres? Le Cirque du boulevard du Temple et celui des Champs-Élysées n'ont jamais donné, m'assure-t-on, moins de 11 ou 12 0/0 à leurs actionnaires.

M. Mathieu a parlé d'un projet de loi présenté, en 1849, au Conseil d'État, et il semble croire que ce projet, qui réduisait le droit à 5 0/0 et prétendait compenser cette réduction par une taxe de 10 0/0 sur les entrées gratuites et les billets de faveur, aurait été adopté : il n'en est rien. Le Conseil d'État au contraire a maintenu formellement, dans l'article 21 du projet de loi, l'impôt établi. On lit dans le rapport de M. Charton, présenté à la section de législation du Conseil d'État, les observations suivantes qui motivent le rejet de la disposition qui avait été proposée : « L'administration hospitalière élève des doutes sur la « possibilité de faire produire au prélèvement du droit sur les entrées « gratuites et les billets de faveur une somme équivalente à celle que « l'on perdrait immanquablement par l'abaissement du droit sur les billets « payants ; elle donne même des explications qui tendraient à prouver « que la perception de ce nouveau droit sera toujours facilement éludée.

« En présence des incertitudes qui naissent de ces observations, le « Conseil a pensé qu'il y avait lieu d'ajourner l'innovation proposée par « le Gouvernement, jusqu'à ce que le mode de recouvrement fût plus « mûrement étudié. Il lui a paru suffisant de confirmer dès à présent,

---

(1) Ce théâtre a vu ses recettes s'élever de 742,917 fr. 50 en 1868, au chiffre énorme de 1,210,606 fr. 75 en 1869.

« en principe, la légitimité d'un impôt qui se perçoit sur les plaisirs « des personnes aisées, au profit des personnes pauvres, et qui ne pour- « rait être supprimé, sans entraîner, pour la ville de Paris notamment, « l'obligation de créer ou d'aggraver d'autres impôts. »

C'est l'occasion de faire remarquer qu'à aucune époque on n'a regardé comme possible de supprimer le droit des pauvres, et qu'en 1849 même, on n'a abordé la pensée d'une réduction qu'à la condition non réalisée, et, nous le croyons, non réalisable, de trouver une compensation entière.

Depuis cette époque, quelques personnes, reconnaissant d'ailleurs la parfaite justice de la taxe perçue au profit des pauvres, ont proposé un autre mode de perception : le prélèvement sur les bénéfices nets; mais ce n'est qu'un expédient, repoussé deux fois déjà par l'Assemblée législative en 1851, par le Sénat en 1866. Voici ce que disait à ce sujet, avec l'autorité de son bon sens et de sa parole, M. Dupin aîné, parlant devant le premier de ces corps :

« Maintenant, qu'est-ce que vous voulez? Vous voulez que l'impôt « se prenne sur le produit net, défalcation faite des frais qui sont plus « ou moins considérables, selon que l'administrateur de l'entreprise « est plus ou moins intelligent, selon qu'il a des auteurs plus ou « moins accrédités, plus ou moins en vogue, car ce n'est même pas « toujours une question d'habileté, d'excellence des compositions, de « moralité des pièces qui, dans certains temps, assurent le succès; il « y a bien du hasard des circonstances dans tout cela! Eh bien, l'entre- « preneur fait ses frais à tout hasard, et, dans votre système, il « faudra compter avec lui, après chaque représentation, pour savoir « combien il a dépensé en frais de toute nature, et apparemment « chicaner sur les prix, peut-être pour prétendre qu'il en a trop « fait, qu'il y a eu inintelligence ou prodigalité; en un mot, non-seu- « lement pour chaque entreprise, mais à chaque représentation, vous « voulez que les hospices aient des employés pour faire le décompte. »

M. Dupin ajoutait dans une autre partie de son discours :

« Eh bien, est-ce le cas, en présence de cette insuffisance de revenus « (des hospices), de venir encore attaquer l'une des sources de ce re- « venu, ou du moins de la compromettre, par un mode de perception qui « serait une pépinière de tracasseries? L'impôt ainsi transformé prendrait

« une apparence d'injustice, car vous transporteriez cet impôt sur des « entrepreneurs qui feraient entendre des doléances, qui contrarieraient « l'Administration pour arriver à un résultat ou *négatif* ou embarrassé « ou très-incertain, mis à la place d'un impôt, qui, par la position « qu'il occupe à côté des recettes, sans se confondre avec elles, est « essentiellement moral ; car il y a l'impôt pour le plaisir et l'impôt « pour le pauvre (1). »

M. Dupin ne s'était pas trompé en entrevoyant, dans ce nouveau système de perception, un résultat très-incertain ou même *négatif*. Nous verrions, nous, un leurre dans cette fausse position de quasi-associé qui nous serait faite. Ainsi l'Administration hospitalière aurait la faculté de prélever une part sur les bénéfices, et elle n'aurait aucun droit d'intervention dans la fixation des budgets des théâtres, ni dans le mode de leur gestion ! Les folles dépenses, les gros traitements, les remises à des tiers, les trafics de billets dont nous souffrons déjà, et les mille moyens plus ou moins ingénieux d'absorber la recette, l'Administration n'aurait rien à y voir ! A la fin de l'année, le directeur lui montrerait sa balance, et tout serait dit.

Nous ne croyons pas que l'on puisse, avec quelque chance d'être pris au sérieux, recommander une pareille combinaison, qui aboutirait en fait au résultat que MM. les entrepreneurs de spectacles poursuivent, c'est-à-dire à la suppression du droit.

Pour nous engager dans cette voie impossible de la réduction du droit, le rapport de M. Mathieu prétend qu'il serait intervenu, en 1848, une décision du Ministre de l'intérieur, réduisant le droit des pauvres à 1 0/0 ; or, cette décision n'a jamais existé. C'est bénévolement que l'Administration des hospices a consenti cette réduction sur les billets pris au bureau, en maintenant le droit de 9,09 0/0 sur les locations au mois ou à l'année. J'ai dans mon dossier, et je pourrais mettre sous les yeux de la Commission, une lettre des directeurs des théâtres, du mois de septembre 1848, qui demandent humblement la continuation jusqu'au 1er janvier suivant *de la concession* qui leur était faite par l'Administration des hospices, depuis le mois de février. Est-il besoin de dire

(1) *Moniteur* du 13 mars 1851.

que les circonstances justifiaient largement cette faveur, car le Gouvernement avait demandé aux directeurs de théâtres de ne point interrompre leurs représentations, et, au milieu des émeutes et des inquiétudes de toutes sortes qui se prolongeaient, les salles étaient dégarnies.

On a invoqué aussi l'intérêt de l'art; mais cet intérêt n'est-il pas suffisamment sauvegardé par les subventions que l'État accorde aux grands théâtres, dans le but de maintenir, autant que possible, le goût des œuvres élevées qui ont tant contribué à notre gloire nationale. Oserait-on invoquer l'intérêt de l'art, lorsqu'on parle de ces pièces jouées sur les scènes secondaires et dont on peut dire, sans aucune exagération, qu'elles ont fait du théâtre un instrument de démoralisation aussi actif que les jeux de la Bourse?

C'est donc pour ces théâtres que l'on supprimerait une taxe qui, dans le budget de l'Assistance publique de Paris, apporte une ressource de 17 à 18 cent mille francs, au moyen de laquelle on entretient plus de 3,600 lits dans les hospices; c'est dans cet intérêt qu'on rayerait du budget des principales villes de France un revenu annuel de près de 700,000 francs, qui leur sert pour subventionner efficacement les établissements de bienfaisance, ou pour alimenter les services des secours à domicile?

J'ignore comment, dans les départements, on remplacerait ce produit; mais ce que je sais, c'est qu'à Paris il faudrait, si le droit était supprimé, réduire dans une forte proportion l'action de l'Assistance, et diminuer le nombre des lits d'hôpitaux ou d'hospices, ou restreindre les secours, déjà trop peu abondants, qui se distribuent aux indigents inscrits sur les contrôles des bureaux de bienfaisance.

On objectera sans doute que, si le produit du droit des pauvres disparaissait du budget de l'Assistance publique, il y serait remplacé par une subvention supplémentaire de la ville de Paris. Mais si l'Administration municipale pouvait, sans nuire à ses autres services, ajouter près de 2 millions à la subvention de 12 millions qu'elle paye déjà, pour maintenir le budget hospitalier en équilibre, elle serait obligée de prendre ce supplément sur les produits de l'octroi. Or, elle ne pourrait le faire qu'en ajournant, dans la proportion nécessaire, les dégrèvements promis sur les vins et sur la houille.

Dans tous les cas, c'est aux taxes de consommation qui portent sur les matières et denrées les plus indispensables à la vie qu'elle devrait demander encore les 1,800,000 francs nécessaires aux services hospitaliers. On remplacerait donc un impôt établi aujourd'hui au profit des pauvres par un impôt mis sur les pauvres ?

En résumé, ce qu'on demande au Gouvernement, c'est de venir dire aux Chambres législatives : Voici un impôt de 9 0/0 que les indigents perçoivent sur le plaisir des riches ; aucun de ces derniers ne s'en plaint; mais les directeurs de théâtres, qui ont vu les recettes de leurs exploitations doubler en 20 ans et même s'accroître de 15 millions depuis 1864 seulement, exigent qu'on leur en fasse cadeau, en l'ajoutant à leurs bénéfices; accordez-leur ce don tout gratuit ! Non, mille fois non, le Gouvernement, éclairé comme il l'est sur la valeur des arguments produits par les directeurs de spectacles, et qui, toujours les mêmes, ont été toujours repoussés, ne consentira pas, même par une réduction d'une taxe après tout très-modérée, à porter à l'Administration chargée des secours publics dans la ville de Paris un dommage si considérable ; il ne voudra pas, pour un intérêt industriel qui n'est d'ailleurs nullement en souffrance, risquer de froisser gravement l'opinion publique justement émue des tentatives faites par MM. les directeurs de théâtres pour s'emparer d'un produit qui ne leur appartient pas, et qui, d'après la volonté formelle du législateur, doit profiter exclusivement aux pauvres.

ANNEXES

ANNEXES

N° 1. — Lois concernant la perception du droit des indigents.

Loi du 7 frimaire an v.

« Art. 1er. Il sera perçu un décime par franc (*deux sous pour livre, vieux* « *style*), en sus du prix de chaque billet d'entrée, pendant six mois, dans tous les « spectacles où se donnent des pièces de théâtre, des bals, des feux d'artifice, des « concerts, des courses et exercices de chevaux, pour lesquels les spectateurs « payent.

« La même perception aura lieu sur le prix des places louées pour un temps « déterminé. »

Arrêté du Directoire exécutif du 29 frimaire an v, sur l'obligation imposée aux directeurs de percevoir le droit des pauvres, avec le prix de la place.

Le Directoire exécutif, considérant que l'exécution de la loi du 7 frimaire dernier qui ordonne la perception pendant six mois, au profit des indigents, d'un décime par franc en sus du billet d'entrée dans tous les spectacles, n'a été retardée que par les difficultés qu'ont présentées les directeurs et entrepreneurs des spectacles de Paris;

Considérant qu'il importe de les faire cesser,

Arrête ce qui suit :

Article premier.

A compter du jour de la notification du présent arrêté, les directeurs, administrateurs et entrepreneurs de tous les spectacles et salles de bal, concerts, feux d'artifice, courses et exercices de chevaux à Paris, seront tenus, conformément à la loi du 7 frimaire dernier, de percevoir, au profit des indigents, un décime par franc en sus du prix des billets d'entrée.

Art. 2.

Ils enverront, le primidi de chaque décade, le relevé de leurs registres d'entrée, au bureau central du canton de Paris, pour justifier du produit de cette perception. Le bureau central pourra en faire vérifier l'exactitude.

Loi du 8 thermidor an v.

Art. Ier. Le droit d'un décime par franc (*deux sous pour livre, vieux style*), établi par la loi du 7 frimaire an v, et prorogée par celle du 2 floréal dernier, continuera à être perçu jusqu'au 7 frimaire de l'an vi, en sus du prix de chaque billet d'entrée et d'abonnement, dans tous les spectacles où se donnent des pièces de théâtre.

II. Le même droit d'un décime par franc (*deux sous pour livre, vieux style*), établi et prorogé par les mêmes lois, à l'entrée des bals, feux d'artifice, des concerts, des courses et exercices de chevaux, et autres fêtes où l'on est admis en payant, est porté au quart de la recette, jusqu'audit jour 7 frimaire prochain.

III. Le produit des droits perçus en vertu des articles précédents, sera consacré uniquement aux besoins des hospices et aux secours à domicile, dans les proportions qui seront déterminées par le Bureau central, dans les communes où il y a plusieurs municipalités, et par l'Administration municipale dans les autres, conformément à l'article 7 de la loi du 7 frimaire.

Nota. — Cette loi a été prorogée d'année en année, jusqu'au décret du 9 décembre 1809.

Arrêté du Gouvernement du 10 thermidor an xi.

. . . .

II. — Les établissements connus sous la dénomination de *panoramas* et de *théâtre pittoresque et mécanique* sont assimilés aux spectacles pour la quotité du droit à percevoir.

III. — Les contestations qui pourront s'élever dans l'exécution ou l'interprétation du présent arrêté, seront décidées par les préfets, en conseil de préfecture, sur l'avis motivé des comités consultatifs établis en exécution de l'arrêté du 7 messidor an ix, dans chaque arrondissement communal, pour le contentieux de l'Administration des pauvres et des hospices, sauf, en cas de réclamation, le recours au gouvernement.

Décret impérial du 8 fructidor an xiii.

. . . .

2. — Les poursuites à faire pour assurer le recouvrement des droits ci-dessus mentionnés, seront désormais dirigées suivant le mode fixé par l'arrêté du 16 ther-

midor an VIII, et autres lois et règlements relatifs au recouvrement des contributions directes ou indirectes.

3. — Les décisions rendues par les Conseils de Préfecture dans les cas prévus par l'article 3 de l'arrêté du 10 thermidor an XI, seront au surplus exécutées provisoirement, et sauf le recours au gouvernement réservé par cet article.

Décret impérial du 9 décembre 1809.

ARTICLE PREMIER.

Les droits qui ont été perçus jusqu'à ce jour en faveur des pauvres ou des hospices, en sus de chaque billet d'entrée et d'abonnement dans les spectacles et sur la recette brute des *bals*, *concerts*, *danses et fêtes publiques* continueront à être indéfiniment perçus, ainsi qu'ils l'ont été pendant le cours de cette année et des années antérieures, sous la responsabilité des receveurs et contrôleurs de ces établissements . . . .

. . . .

ART. 4.

Les représentations gratuites et à bénéfice seront, au surplus, exemptes des droits mentionnés aux articles qui précèdent, sur l'augmentation mise au prix ordinaire des billets.

NOTA. — A partir de 1817, la perception est autorisée par les lois annuelles de finances. L'autorisation pour l'exercice 1870 est renfermée dans la loi du 8 mai 1869, dont un extrait est ci-après.

Décret impérial sur la liberté des théâtres, du 6 janvier 1864.

ARTICLE PREMIER. — Tout individu peut faire construire et exploiter un théâtre, à la charge de faire une déclaration au Ministère de notre Maison et des Beaux-Arts et à la Préfecture de police, pour Paris ; à la Préfecture, dans les départements.

. . . .

ART. 2. — Les entrepreneurs de théâtres devront se conformer aux ordonnances, décrets et règlements pour tout ce qui concerne l'ordre, la sécurité et la salubrité publics.

Continueront d'être exécutées les lois existantes sur la police et la fermeture des théâtres, ainsi que la redevance établie au profit des pauvres et des hospices.

Ordonnance du Préfet de police, du 1er juillet 1864.

. . . .

. . . .

ARTICLE XXXVI.

Le tarif du prix des places, pour chaque représentation, devra toujours être indiqué très-ostensiblement sur les affiches, en même temps que la composition des spectacles-annonces.

Un exemplaire sera apposé au bureau du théâtre et à tous autres qui pourraient être établis comme succursales.

Ledit tarif devra être inscrit en tête de chaque feuille de location, pour que le public soit toujours utilement averti de ses variations.

Une fois annoncé, le tarif de chaque représentation ne pourra être modifié.

XXXVII.

Les directeurs ne doivent émettre aucun billet indiquant plusieurs catégories de places, au choix des spectateurs ; réciproquement, ceux-ci ne peuvent s'installer qu'aux places portées sur leurs billets.

XXXVIII.

Ils ne peuvent louer à l'avance que les loges et les places converties en fauteuils et en stalles, ou, dans tous les cas, numérotées.

La location doit cesser avant l'heure de l'introduction du public dans la salle.

XXXIX.

Les places louées doivent être inscrites sur la feuille de location ; l'étiquette indicative ne peut être placée que sur celles qui figureront sur ladite feuille.

XL.

Il est enjoint aux directeurs de faire remettre au commissaire de police de service, avant l'introduction du public, un double de la feuille de location.

Loi du budget général de l'exercice 1870, du 8 mai 1869.

Art. 18. — « Continuera d'être faite pour l'exercice 1870, au profit des départements, des communes, des établissements publics et des communautés d'habitants dûment autorisées, la perception, conformément aux lois existantes, des divers droits, produits et revenus énoncés dans le deuxième paragraphe de l'état D annexé à la présente loi. »

ÉTAT D. — TABLEAU DES DROITS, PRODUITS ET REVENUS DONT LA PERCEPTION EST AUTORISÉE POUR 1870 CONFORMÉMENT AUX LOIS EXISTANTES

§ 1er. — *Perceptions au profit de l'État.*

« Droits d'enregistrement, etc. . . . .

. . . .

§ 2e. — *Perceptions au profit des départements, des communes, des établissements publics et des communautés d'habitants dûment autorisées.*

« Taxes imposées, etc. . . . .

. . . .

« Dixième des billets d'entrée dans les spectacles et les concerts quotidiens (loi « du 7 frimaire an v-27 novembre 1796).

« Quart de la recette brute dans les lieux de réunion ou de fête, où l'on est admis « en payant (loi du 8 thermidor an v-26 juillet 1797).

N° 2. — État, par année et par période quinquennale, des Recettes des Théâtres, de 1849 à 1869.

	Année	fr.	c.	fr.	c.
THÉATRES IMPÉRIAUX, SECONDAIRES ET PETITS SPECTACLES CONTROLÉS.	Année 1849 . . .	6,387,080	17		
	— 1850 . . .	8,154,917	41		
	— 1851 . . .	8,423,992	44	43,541,269	38
	— 1852 . . .	9,414,740	19		
	— 1853 . . .	11,160,539	17		
	— 1854 . . .	10,680,812	82		
	— 1855 . . .	13,496,668	03		
	— 1856 . . .	12,165,064	69	61,663,739	48
	— 1857 . . .	12,634,871	37		
	— 1858 . . .	12,686,322	57		
	— 1859 . . .	12,436,738	64		
	— 1860 . . .	14,252,769	38		
	— 1861 . . .	13,578,813	24	70,391,447	47
	— 1862 . . .	14,413,441	93		
	— 1863 . . .	15,709,684	28		
	— 1864 . . .	15,982,116	56		
	— 1865 . . .	15,587,815	51		
	— 1866 . . .	16,696,869	11	83,958,672	81
	— 1867 . . .	21,176,234	89		
	— 1868 . . .	14,515,636	74		
	Année 1869 . . .	16,320,241	31	»	

Il résulte des chiffres ci-dessus que les recettes des théâtres vont toujours s'accroissant, et qu'elles se sont élevées :

De 1849 à 1858, de	18,122,470 fr.	10 c.,	soit par an de . . .	1,812,247 fr.
De 1859 à 1863, de	8,726,707	99	— . . .	1,745,341
De 1864 à 1868, de	13,567,225	34	— . . .	2,713,445
De 1868 à 1869, de	1,804,604	57	— . . .	1,804,604

Ainsi, dans la période de vingt ans écoulée de 1849 à 1868, les recettes se sont doublées, et si l'on compare la période de cinq ans qui a précédé la liberté des théâtres à la période correspondante qui l'a suivie (de 1864 à 1868), on constate une nouvelle augmentation de 13,567,225 francs, ce qui prouve que le nouveau régime a été on ne peut plus favorable aux exploitations théâtrales. Ce mouvement de prospérité s'est continué en 1869.

N° 3. — Produit total de la perception du droit des Indigents, de 1855 à 1866.

	fr.	c.	
1855	1,540,893	06	Année d'Exposition.
1856	1,334,110	60	
1857	1,387,825	48	
1858	1,368,624	07	
1859	1,366,311	97	
1860	1,614,340	48	
1861	1,580,560	44	
1862	1,644,263	82	
1863	1,775,910	08	
1864	1,797,236	64	Première année du régime de liberté.
1865	1,804,674	98	
1866	1,866,564	34	
1867	2,431,078	47	Exposition universelle.
1868	1,656,705	57	
1869	1,825,776	25	

N° 4. — Liste des Théâtres, Spectacles, bals et Concerts existant à Paris dans le premier semestre de l'année 1807.

13 Théâtres proprement dits.
12 Établissements divers (cirques, bals, concerts, curiosités, etc.)

---

1 — Opéra.
2 — Français.
3 — Opéra-Comique.
4 — de l'Impératrice (en même temps Italiens).
5 — Du Vaudeville.
6 — Molière (de Saint-Martin).
7 — Porte-Saint-Martin.
8 — de la Cité (ci-devant et Variétés depuis) devenu Salle du Prado.
9 — des Jeunes Élèves (rue de Thionville).
10 — Des Nouveaux Troubadours (boulevard du Temple).
11 — Des Jeunes Comédiens (Jardin-des-Capucines).
12 — Franconi (Exercices de Chevaux).
13 — Salon des redoutes (Bals, Concerts, etc.).
14 — Théâtre du Marais (Curiosités).
15 — Des Jeunes Artistes.
16 — Panorama (Boulevard Montmartre).
17 — De M. Pierre, mécanique et pittoresque (rue de la Michodière).
18 — Spectacle des soirées récréatives de M. Garnerin. Physique, jeux hydrauliques (rue de la Loi).
19 — Théâtre de la Nouveauté, physique, fantasmagorie, etc.
20 — Théâtre uranographique, science céleste et phénomène de l'Univers (rue Villedo).
21 — Cabinet de physique et de fantasmagorie. Le Breton.
22 — Théâtre de la Nouveauté (Tours d'adresse, escamotage). Hôtel des Fermes.
23 — Spectacle comique (automates mécaniques) Palais du Tribunal.
24 — Panharmonium (Concerts), rue du Mont-Blanc.
25 — Jardin de Tivoli (rue Saint-Lazare), Bals, Concerts, Montagne russe.

N° 5. — Liste des Spectacles, Bals et Concerts existant à Paris à la fin de décembre 1809.

7 Théâtres proprement dits.
13 Spectacles divers, Bals, Concerts, etc.

---

1 — Opéra,
2 — Français.
3 — Opéra-Comique.
4 — Théâtre de l'Impératrice et Italiens.
5 — Vaudeville.
6 — Gaité.

7 — Ambigu-Comique.
8 — Cirque Franconi.
9 — Prado (bal).
10 — Montansier (optique, physique, etc.).
11 — Spectacle pittoresque mécanique de M. Pierre.
12 — Panorama (boulevard Montmartre).
13 — Cabinet de physique Le Breton.
14 — Cosmorama au Palais-Royal.
15 — Tivoli d'hiver (Salle de la Redoute), Bal, Concert, Physique, etc.
16 — Plans en relief (au Palais-Royal).
17 — Salle Olympique (rue de la Victoire), Concerts.
18 — Jeux gymniques (boulevard Saint-Martin).
19 — Hôtel de Bullion (Ventriloquie, imitations, etc.).
20 — Expositions de voitures nomades (rue Castiglione) de MM. Franconi.

N° 6. — Discours prononcé par M. DUPIN, représentant de la Nièvre, président de l'Assemblée nationale,

Contre la prise en considération de la proposition de M. Sautayra, *tendant à changer l'assiette et le mode de perception de l'impôt que perçoivent les établissements charitables sur les recettes des théâtres, bals, concerts, et autres fêtes et réjouissances publiques.*

Séance du 12 mars 1851.

(*Présidence du général* Bedeau.)

« C'est un impôt sur le plaisir « au profit de l'indigence. » (Discours.)

M. le président. La parole est à M. Dupin. (Marques d'attention.)

M. Dupin (de la Nièvre). Messieurs, s'il y a un impôt qui devait résister à l'esprit de réforme, c'est, sans doute, celui dont il s'agit maintenant...

M. Sautayra. Je demande la parole.

M. Dupin (de la Nièvre). C'est un impôt sur le plaisir au profit de l'indigence ; c'est de plus un impôt proportionnel. Celui qui prend un billet et qui veut se donner le plaisir du spectacle pour 1 franc, ajoute 2 sous pour les pauvres ; celui qui va dans un théâtre plus relevé, ou qui prend une place plus distinguée, si son billet est de 10 francs, ajoute 1 franc ; c'est toujours dans la même proportion. Si le théâtre fait de grandes recettes, l'impôt qui s'y adapte, et qui n'est pas la recette elle-même, en profite ; si le théâtre fait de moins bonnes affaires, les pauvres sont moins bien rétribués. Mais de ce que ces deux choses marchent collatéralement, il ne faut pas imputer à l'impôt le bon ou le mauvais succès des théâtres, la bonne ou mauvaise fortune dont ils peuvent être affectés.

Aussi cet impôt, depuis qu'il a été établi, a été considéré comme une pensée heureuse ; quoiqu'elle ne fût pas toujours féconde ni toujours également productive, elle a cependant résisté à toutes les attaques sous tous les régimes.

On a voulu remonter à l'époque où cet impôt a été établi ; est-ce pour le défavoriser qu'on l'a rappelée ?— C'est vrai ; c'était sous la monarchie, en 1699, sous Louis XIV, à l'époque où les théâtres jouissaient du plus grand éclat, à l'époque où l'on représentait sur la scène les chefs-d'œuvre de Corneille, de Racine et de Molière, de Molière, qui était non-seulement un grand auteur, mais qui était aussi un excellent comédien, et dont la troupe ne s'est jamais plainte de ce que ses profits étaient affaiblis par l'impôt qu'on prélevait, non pas sur les recettes, mais en addition aux recettes.

Un membre à droite. C'était postérieur à Molière, qui était mort en 1673.

M. Dupin (de la Nièvre). Eh bien, ses successeurs, peu importe ; ni les auteurs, ni les comédiens, sous Louis XIV, n'ont jamais réclamé, voilà le fait.

Cet impôt, dans l'origine, était du sixième en sus des recettes : plus tard on y a ajouté un neuvième pour l'Hôtel-Dieu. C'était plus du quart en addition au prix des places, et l'impôt n'a pas cessé d'être perçu.

Sous la régence, en 1719, il y eut cependant une réclamation. C'est à cette époque, et non à l'époque postérieure indiquée par l'honorable M. Sautayra, qu'on a prétendu que le droit devait être perçu sur le bénéfice, sur la recette nette, déduction faite des frais élastiques de représentation. C'est en 1719, dis-je, qu'on a élevé cette prétention.

Comment y a répondu le législateur ?

« Sa Majesté ayant été informée qu'au préjudice desdites lettres patentes et ordonnances dont les dispositions sont si précises, les directeurs de l'Opéra et les comédiens français et italiens ont depuis quelques mois prétendu que le sixième et le neuvième, ci-devant attribués à l'Hôpital général et à l'Hôtel-Dieu, ne devaient être perçus qu'*après avoir prélevé les frais de représentation, ce qui est manifestement contraire aux termes desdites lettres patentes et ordonnances, et ne peut d'ailleurs avoir aucune apparence de justice* ; d'autant que le sixième et le neuvième étant perçus par augmentation, les directeurs de l'Opéra et les comédiens reçoivent, pour leur compte, les sommes qu'ils faisaient précédemment sans aucune diminution, et sur lesquelles ils étaient obligés de payer les mêmes frais auxquels les spectacles sont nécessairement assujettis. »

Ainsi, si, sur une recette de 10,000 francs, vous faisiez les frais de vos théâtres, quand on ajoute en recette un quart et que l'on touche ce quart en sus, le législateur a raison de dire que, si vous faites les mêmes frais, vous n'avez pas à faire de réduction sur la somme qui vous appartient, puisque l'impôt s'ajoute au prix de la place imposée, et que ce n'est pas sur l'entrepreneur que l'impôt est perçu, mais sur le spectateur. Depuis, on a beaucoup modéré le droit, puisqu'il n'est plus aujourd'hui que du dixième et même moins, parce que le dixième est en dehors du prix des places ; c'est le onzième à peu près.

Sans doute, il y a des époques difficiles ; les théâtres, comme toutes les choses de ce monde, après leur phase d'éclat, ont leur phase de décadence ; et comme c'est une affaire de plaisir, quand il y a des révolutions, on n'est pas disposé à se réjouir autant que dans les jours de prospérité.

A droite. Très-bien ! très-bien !

M. Dupin (de la Nièvre). Ce n'est pas seulement l'industrie théâtrale qui perd en pareil cas, ce n'est pas seulement la joie qui diminue et qui se resserre, ce sont tous les commerces sans exception. Celui qui paye la patente en addition à son commerce, qui la paye directement, lui, éprouve des embarras, des faillites à toutes ces époques de malaise dont on vous a parlé.

Il y a des effets attachés aux causes de perturbation. C'est ainsi que les recettes théâtrales, qui ont beaucoup fléchi en 1848, ont été encore moindres en 1849, parce que l'état d'inquiétude se prolongeait, et que la gêne avait déjà une certaine date ; mais elles se sont relevées petit à petit, à mesure que nous sommes revenus *ad meliorem statum*, à mesure que nous avons cherché à nous raffermir contre le désordre ; et aujourd'hui, elles ont repris à peu près le taux qu'elles avaient en 1846 et 1847.

Maintenant, que demandez-vous ? Vous choisissez précisément le moment où les théâtres sont revenus à un état à peu près équivalent à celui de l'époque où ils étaient prospères, pour demander que l'on change le mode de perception de l'impôt. Et ce n'est pas seulement le mode de perception que vous voulez modifier, c'est l'assiette même de l'impôt que vous voulez changer; et pour s'en convaincre, il suffira de comparer la manière dont il se perçoit avec la manière dont vous voudriez qu'il fût perçu à l'avenir.

Dans l'état actuel des choses, l'impôt ne porte pas sur l'entrepreneur ni sur l'entreprise; il porte sur le spectateur, c'est à lui qu'on a dit : Partout où vous payerez 20 sous pour entrer au spectacle, vous ajouterez 2 sous pour les pauvres ; partout où vous donnez 3 francs, vous donnerez 6 sous pour les pauvres ; et s'il y avait encore deux caisses, comme dans l'origine, vous donneriez le prix de la place intégralement au théâtre, et vous verseriez dans le tronc des pauvres les sous additionnels pour les pauvres.

Voilà, en réalité, le caractère de l'impôt : l'impôt procède du prix de la place, mais il est en sus et ne peut être confondu avec ce prix.

Si vous mettez maintenant le tout dans la même caisse, si celui qui donne les billets reçoit à la fois et leur prix et le dixième en sus, il reçoit bien l'argent du spectateur, mais ce n'est pas pour la caisse théâtrale ; il ne reçoit pour cette caisse que ce qui est pour le spectacle; c'est comme dépositaire préposé des hospices qu'il reçoit le dixième, et à la charge de le rendre immédiatement aux hospices.

A droite. C'est cela ! c'est cela !

M. Dupin (de la Nièvre). De cette manière, la perception se fait cumulativement du prix des places et de l'impôt additionnel, mais à cette condition que le versement se fait distinctement, savoir : de l'intégralité du prix des places, à l'entrepreneur, au spéculateur du théâtre ; et du dixième, par l'entremise de celui-ci, à la caisse des hospices.

Voilà l'impôt, comme il se perçoit maintenant, sans encombrement. Si la recette est bonne, tant mieux pour le théâtre, tant mieux pour les pauvres ; si elle est médiocre, tant pis pour le théâtre, tant pis pour les pauvres. Mais enfin, dans les deux cas, on ne demande rien à l'entrepreneur ; ce n'est pas lui qui est imposé, c'est le spectateur qui, en entrant, paye sa place et paye l'aumône. (Très-bien ! très-bien !)

Maintenant, qu'est-ce que vous voulez? Vous voulez que l'impôt se prenne sur le produit net, défalcation faite des frais qui sont plus ou moins considérables, selon que l'administrateur de l'entreprise est plus ou moins intelligent, selon qu'il a des auteurs plus ou moins accrédités, plus ou moins en vogue ; car ce n'est même pas toujours une question d'habileté, d'excellence de composition, de moralité des pièces qui, dans certains temps, assurent le succès ; il y a bien du hasard des circonstances dans tout cela ! Eh bien, l'entrepreneur fait ses frais à tout hasard et dans votre système, il faudra compter avec lui, après chaque représentation, pour savoir combien il a dépensé en frais de toute nature, et apparemment chicaner sur les frais, peut-être pour prétendre qu'il en a trop fait, qu'il y a eu inintelligence ou prodigalité ; en un mot, non-seulement pour chaque entreprise, mais à chaque représentation vous voulez que les hospices aient des employés pour faire le décompte.

M. Sautayra. Mais non !

M. Dupin (de la Nièvre). C'est cela matériellement.

Mais vous vous en tirez comme pour d'autres propositions. Je ne me charge pas dites-vous, des difficultés; prenez en considération mon idée, elle est bonne, elle est féconde, saisissez-vous-en ; ce que je n'ai pu trouver, si vous cherchez bien dans la commission, au nombre de douze ou quinze, vous le trouverez bien; vous parviendrez à organiser mon idée ; et de ce que j'ai apporté comme une abstraction, comme une velléité, une tentative, vous ferez peut-être sortir quelque réalité. (Hilarité générale).

Je ne crois pas, messieurs, que vous puissiez procéder ainsi, au risque de compromettre une perception aussi utile; et puisqu'on a parlé de la quote-part que paye la Ville de Paris dans les dépenses des hospices, il n'est pas défendu à un membre du Conseil de l'Assistance publique, qui est témoin du peu qu'on reçoit et de la quotité de ce qu'on dépense, de dire ici qu'il y a un grand dévouement de la part du trésor, de la part de la Ville de Paris, de la part de tous ceux qui contribuent à cette œuvre de bienfaisance. Je ne parle pas de tout ce qui se fait, en dehors, par les établissements particuliers de charité publique, par la charité individuelle; de la manière dont on s'ingénie de toutes façons, dans les classes supérieures, pour trouver, pour solliciter les secours, au point d'en être importun, fatiguant pour ses amis... (1) et on a raison! (Très-bien! très-bien!)

La tentative est toujours louable, même quand elle ne réussit pas; et celui qui est sollicité ne peut pas s'en plaindre, car toutes les fois qu'on s'adresse à lui, c'est une marque d'estime, c'est une interpellation à son cœur et à ses qualités bienfaisantes. (Très-bien! très-bien! — Marques vives et nombreuses d'assentiment.) L'impuissance seule, ou la multiplicité des demandes peut motiver une modération dans la réponse. Mais enfin, indépendamment de ces efforts particuliers, il est bon de savoir que l'Assistance publique à Paris coûte 14 millions par an ; 8 millions, et plus, pour les hospices seuls; 2 millions, et plus, pour les secours à domicile. A cela, il faut ajouter, à quelque chose près, sur les chiffres, 1,200,000 francs, pour les enfants trouvés, fruits de la débauche et de l'immoralité, sans doute, mais qui n'en sont pas coupables ; la société les adopte et les relève; elle en prend soin, comme le lui a enseigné saint Vincent de Paul. (Vive approbation.) Pour les gens en démence... c'est une maladie qui augmente aussi... (Hilarité générale et prolongée..)

M. Madier-Montjau. Nous le voyons bien ! nous le voyons bien !

M. Dupin (de la Nièvre)... 1,400,000 francs par an pour les aliénés de toute espèce dans le département de la Seine seulement, et enfin quelques autres fondations, près de 600,000 francs. Pour faire face à tout cela, les hospices ont à peine 5 millions de leur revenus ordinaires, de leurs revenus composés des donations accumulées par la bienfaisance, et qui ont plus d'une fois souffert brèche dans nos révolutions; mais enfin je parle de ce qui s'en est conservé: l'impôt qui leur est attribué sur les théâtres, et quelques donations qui se succèdent de temps en temps, forment près de 5 millions. La Ville de Paris est obligée d'ajouter 6 millions par an. Cela ne suffit pas ; ces deux efforts réunis n'ont pas suffi, car les hospices, sur le prix de leurs

---

(1) Au moment même où l'orateur prononçait ces mots à la tribune, plusieurs dames du 10e arrondissement, constituées en association charitable, Mmes de Mornay, Dupin, Des Roys, d'Oraison, Héricart de Thury, Drouyn de Lhuys, de Broglie, Baradère, Legrand, H. de la Rochefoucauld, etc., étaient installées à l'hôtel du ministère de la guerre, tenant boutique depuis trois jours, comme des marchandes publiques, pour vendre les lots travaillés de leurs mains, ou reçus en dons volontaires, ou empruntés au commerce, pour en consacrer le produit au soulagement des pauvres de cet arrondissement. Voilà une des mille formes sous lesquelles la charité privée se révèle et s'exerce à Paris.

biens vendus, c'est-à-dire sur un capital destiné à produire des fruits, et à être replacé, un capital dont les intérêts seulement auraient dû être appliqués à la bienfaisance, eh bien, pour ne pas laisser en souffrance les services extraordinaires dont le département de la Seine est chargé, les hospices, dis-je, ont été obligés de consentir, à travers les temps pénibles que nous avons traversés depuis 1848, à laisser prendre sur leur caisse des fonds pour près de 6 millions, dont le département est débiteur envers eux, dont nous sollicitons le remboursement que nous ne pouvons pas obtenir, parce que le département lui-même est obéré et arriéré d'un autre côté.

Toujours est-il, et en tenant compte de toutes les ressources ordinaires et extraordinaires de la Ville de Paris, que voilà près de 14 millions que la bienfaisance publique, dans Paris seulement, consacre au soulagement des malheureux et des affligés.

Eh bien, est-ce le cas, en présence de cette insuffisance de revenus, de venir encore attaquer l'une des sources de ce revenu, ou du moins de la compromettre par un mode de perception qui serait une pépinière de tracasseries ? L'impôt, ainsi transformé, prendrait une apparence d'injustice, car vous transporteriez cet impôt sur des entrepreneurs qui feraient entendre des doléances, qui contrarieraient l'administration pour arriver à un résultat ou négatif, ou embarrassé, ou très-incertain, mis à la place d'un impôt qui, par la position qu'il occupe à côté des recettes, sans se confondre avec elles, est essentiellemnt moral, car il y a l'impôt pour le plaisir et l'impôt pour le pauvre.

Je vous supplie donc de ne pas prendre la proposition en considération. (Marques nombreuses d'approbation. — La clôture! la clôture.)

M. LE PRÉSIDENT. On demande la clôture. (Oui ! oui !)

M. SAUTAYRA. Je prie l'Assemblée de me permettre...

Voix nombreuses. La clôture !

M. LE PRÉSIDENT. M. Sautayra demande la parole contre la clôture.

M. SAUTAYRA. Je supplie l'Assemblée de ne pas prononcer la clôture sous l'impression des paroles qu'elle vient d'entendre, et je lui demande la permission de relever les erreurs qu'a commises M. Dupin. (Exclamations. — La clôture !)

M. LE PRÉSIDENT. Puisqu'on insiste pour la clôture, je la mets aux voix.

(L'Assemblée est consultée, et elle prononce la clôture de la discussion. — Elle décide ensuite, à une grande majorité, qu'elle ne prend pas en considération la proposition de M. Sautayra).

Extrait du Moniteur universel *du* 13 *mars* 1851.

N° 7. — Rapport de M. BOUDET au Sénat sur une pétition relative à la perception du droit des pauvres.

(Séance du 18 mai 1866.)

M. LE PRÉSIDENT. La parole est à M. le premier vice-président Boudet.

M. LE PREMIER VICE-PRÉSIDENT BOUDET, 10e *rapporteur*. — (N° 599.) — Messieurs les sénateurs, MM. Montdidier et Eugène Moreau, directeurs du théâtre Beaumarchais, à Paris, demandent que le droit des pauvres, prélevé sur les entreprises dramatiques par l'Administration de l'Assistance publique, soit perçu sur les bénéfices nets et non sur les recettes brutes des théâtres.

Ils invoquent à l'appui de cette demande leur exemple et leur expérience personnels.

Ayant pris possession de la direction du théâtre Beaumarchais vers la fin de février 1865, leurs ressources sont aujourd'hui épuisées, et ils se retirent. Mais, en tête de leur passif, figure une somme de 12,000 francs dont l'acquittement immédiat les sauverait; et ils ont versé dans la caisse de l'Assistance publique une somme de 15,677 fr. 77 c. Pour les pétitionnaires, le rapprochement de ces deux chiffres exprime la moralité du droit des pauvres. Perçu sur les bénéfices, ils le trouveraient équitable; prélevé sur les recettes brutes, ils le qualifient de monstrueux.

Ils se plaignent aussi de l'extrême rigueur avec laquelle l'Administration opère la perception de ce droit, à ce point qu'elle aurait exigé d'eux le payement du droit des pauvres sur les billets gratuits qu'ils donnaient aux dépositaires de leurs affiches.

Les pétitionnaires concluent, sinon à l'abolition, du moins à la réduction d'un droit dont la perception leur a été fatale; il sera probablement trop tard pour qu'ils profitent de cette amélioration, mais ils seraient heureux que leurs successeurs pussent en recueillir le bénéfice.

Messieurs les sénateurs, le droit des pauvres et le mode de sa perception sont établis en vertu d'une législation déjà ancienne, puisqu'elle remonte à Louis XIV, et dont l'application ne peut plus être contestée.

Une ordonnance royale du 25 février 1699 a prescrit qu'il fût levé et reçu au profit de l'Hôpital général, pour être employé à la subsistance des pauvres, un sixième en sus des sommes qu'on recevait alors, et que l'on recevrait à l'avenir pour l'entrée aux opéras et comédies.

Une autre ordonnance royale du 30 février 1713 étendit la perception de ce sixième aux spectacles populaires des foires de Saint-Germain et de Saint-Laurent.

Enfin une ordonnance du Régent, en date du 5 février 1716, prescrivit encore en faveur de l'Hôtel-Dieu la perception d'un neuvième, distincte de la première perception d'un sixième, de sorte que ces deux taxes réunies équivalaient aux 5/18, soit à plus du quart de la recette des théâtres, en sus de laquelle elles étaient perçues.

Il paraît qu'alors comme aujourd'hui les entrepreneurs de théâtres élevèrent la prétention de ne payer le sixième et le neuvième appartenant aux pauvres que sur leurs bénéfices, après avoir prélevé sur leurs recettes les frais de représentation.

Or, voici dans quels termes une ordonnance royale du 4 mars 1719 statua sur les contestations qu'ils avaient soulevées :

« Sa Majesté, étant informée qu'au préjudice desdites lettres patentes et ordonnances, dont les dispositions sont si précises, les directeurs de l'Opéra et les comédiens français et italiens ont, depuis quelques mois, prétendu que le sixième et le neuvième ci-devant attribués à l'Hôpital général et à l'Hôtel-Dieu ne devraient être perçus qu'après avoir prélevé les frais de représentation, ce qui est manifestement contraire aux termes desdites lettres patentes et ordonnances, et ne peut d'ailleurs avoir aucune apparence de justice, d'autant que le sixième et le neuvième étant perçus par augmentation, les directeurs de l'Opéra et les comédiens reçoivent, pour leur compte, les sommes qu'ils faisaient précédemment, sans aucune diminution et sur lesquelles ils étaient obligés de payer les mêmes frais auxquelles les spectacles sont nécessairement assujettis ;

« Ordonne que, conformément aux lettres patentes et ordonnances du..... le sixième et le neuvième continueront à être perçus au profit dudit Hôtel-Dieu et de l'Hôpital général, par *augmentation* des sommes qu'on recevait, avant lesdites lettres patentes et ordonnances, pour les places et les entrées aux opéras, comédies et autres spectacles publics qui se jouent à Paris par permission de Sa Majesté ; même aux spectacles des foires, sans aucune diminution ni retranchement, sous prétexte de frais ni autrement. »

Cette taxe établie au profit des pauvres sur les personnes allant au spectacle disparut au milieu de la grande réforme de 1789.

Mais en l'an V, lorsque le calme commença à renaître, le Directoire exécutif, en s'occupant de l'organisation des bureaux de bienfaisance, proposa au conseil des Cinq-Cents de « venir au secours de ceux que les invalidités ou le manque d'ouvrage mettraient dans le besoin, au moyen d'une légère augmentation du prix des billets d'entrée aux spectacles, dans toute la république. »

La proposition du Directoire fut accueillie ; l'article 1er de la loi du 7 frimaire an V est ainsi conçu :

« Il sera perçu un décime par franc (deux sous par livre) en sus du prix de chaque billet d'entrée, pendant six mois, dans tous les spectacles où se donnent des pièces de théâtre, des bals, etc. »

L'article 2 attribue le produit de cette perception aux indigents.

L'article 6 autorise les administrations des bureaux de bienfaisance à déterminer les mesures qu'elles croiraient convenables pour assurer le recouvrement du droit établi par l'article 1er.

Enfin un décret du Directoire exécutif, en date du 29 frimaire an v, charge les directeurs de spectacles de faire eux-mêmes la perception de l'impôt, pour le compte des indigents.

Cette taxe du dixième, prorogée d'année en année par des lois successives, fut établie d'une manière permanente par le décret impérial du 9 décembre 1809.

Un décret antérieur du 18 fructidor an XIII en avait assimilé le recouvrement à celui des contributions.

Depuis 1817, la loi annuelle du budget contient une disposition qui l'autorise.

Il ne peut donc exister aucun doute sur la légalité de cet impôt.

Il est établi sur le spectateur qui, seul, le paye en sus du prix de son billet d'entrée ; l'entrepreneur de théâtre n'est que l'agent de perception institué par la loi.

Le produit de cet impôt n'entre dans la caisse du théâtre qu'à titre de dépôt, et momentanément, puisque l'administrateur de l'Assistance publique en effectue, chaque soir, le retrait, à l'instant même où le caissier du théâtre arrête sa caisse.

C'est donc à tort, et parce qu'ils ne se sont pas rendu compte de l'origine et de la nature de cet impôt, que les pétitionnaires demandent qu'il soit prélevé sur les bénéfices nets et non sur la recette brute.

Le droit des pauvres n'est pas prélevé sur les recettes des directeurs ; il est restitué par ceux-ci, qui l'ont encaissé avec leurs recettes, dont il ne fait pas partie, afin de simplifier leurs rapports avec l'Administration.

Cette législation du droit des pauvres a été expliquée, et s'il en était besoin, confirmée dans une occasion solennelle, que je crois utile de rappeler au Sénat.

Un membre de l'Assemblée législative avait déposé une proposition tendant à changer l'assiette et le mode de perception de l'impôt que perçoivent les établissements charitables sur les billets d'entrée dans les théâtres, bals, concerts, autres fêtes et réjouissances publiques.

Notre illustre et tant regretté collègue, M. Dupin aîné, s'opposa à la prise en considération de cette proposition. Dans la séance du 12 mars 1851, il présenta à l'Assemblée législative, avec la netteté, la précision et la verve qui caractérisaient son talent, l'exposé de l'ancienne et de la nouvelle législation sur le droit des pauvres, et je suis heureux de placer sous vos yeux quelques lignes de cet exposé qui résument admirablement la question :

« Dans l'état actuel des choses, l'impôt ne porte pas sur l'entrepreneur ni sur l'entreprise ; il porte sur le spectateur ; c'est à lui qu'on a dit : Partout où vous payerez 20 sous pour entrer au spectacle, vous ajouterez 2 sous pour les pauvres ; partout où vous donnez 3 francs, vous donnerez 6 sous pour les pauvres ; et s'il y avait encore deux caisses, comme dans l'origine, vous donneriez le prix de la place intégralement au théâtre, et vous verseriez dans le tronc des pauvres les sous additionnels pour les pauvres.

« Voilà, en réalité, ajoute M. Dupin, le caractère de l'impôt ; l'impôt procède du prix de la place ; mais il est en sus, et ne peut être confondu avec ce prix.

« Si vous mettez maintenant le tout dans la même caisse, si celui qui donne les billets reçoit à la fois et leur prix et le dixième en sus, il reçoit bien l'argent des spectateurs, mais ce n'est pas tout pour la caisse théâtrale ; il ne reçoit pour cette caisse que ce qui est pour le spectacle : c'est comme dépositaire préposé des hospices qu'il reçoit le dixième, et à la charge de le rendre immédiatement aux hospices. »

Après le discours de M. Dupin, la clôture de la discussion fut prononcée, et la prise en considération de la proposition fut rejetée. L'impôt a continué d'être perçu tel qu'il est établi par la législation que je viens d'analyser et qu'il avait été caractérisé par les développements si clairs et si saisissants de M. Dupin.

Les pétitionnaires se plaignent à tort de ce que l'administration de l'Assistance publique, abusant de son droit, ou en usant avec une rigueur excessive, aurait exigé la perception du dixième sur des billets donnés gratuitement aux dépositaires de leurs affiches.

La jurisprudence constante du conseil d'État jugeant au contentieux a décidé que les billets distribués ou concédés à titre onéreux, en dehors des bureaux des théâtres, étaient passibles du dixième, et que les directeurs en étaient responsables. C'est l'application juste et légitime de la loi, qui ne peut être exposée à rester sans effet, par suite des détours ou des fraudes qui feraient entrer dans les théâtres des spectateurs qui auraient reçu leurs billets, ou auraient acquis le droit d'y entrer ailleurs qu'aux bureaux où se fait la distribution ordinaire.

L'administration de l'Assistance publique admet une large et équitable tolérance pour les billets qui sont distribués véritablement à titre gratuit. Elle s'est entendue avec l'Administration municipale et avec les directeurs de théâtres pour déterminer sagement les limites de cette tolérance. Ainsi le nombre des billets qui sont mis à la disposition des auteurs de pièces nouvelles pour être distribués gratuitement est fixé par avance selon l'importance des représentations, par un règlement général. Mais toutes les fois que le billet gratuit n'est qu'un moyen déguisé d'acquitter une dette du théâtre ou de réaliser un produit, le dixième est acquis aux pauvres, et l'administration charitable a raison de l'exiger.

Quand il y a doute à cet égard, la question est portée devant le juge compétent.

Les pétitionnaires n'ont élevé aucune réclamation régulière contre l'administration de l'Assistance publique pour avoir perçu indûment le dixième des pauvres sur des billets qui auraient été distribués gratuitement ; ils n'ont pas le droit de la traduire à la barre du Sénat, pour nous servir de leur expression, afin d'obtenir une justice qu'ils n'ont pas réclamée par la voie légale ordinaire ; et surtout ils peuvent bien moins encore, sur des allégations non justifiées, et en ne tenant aucun compte de la législation passée, depuis près de deux siècles, dans nos mœurs, demander le changement de cette législation qu'ils ne semblent pas connaître, et qui n'a eu pour but, comme le disait M. Dupin, que de *créer un impôt sur le plaisir au profit de l'indigence.*

La commission m'a chargé de proposer l'ordre du jour. (Marques générales d'approbation.)

M. LE MARQUIS DE BOISSY. Je ferai une courte observation, si le Sénat veut bien m'écouter. Je déclare d'abord que je voterai l'ordre du jour, mais je crois nécessaire d'appeler l'attention du Gouvernement sur le régime actuel des théâtres.

Par le libre-échange, on nous avait promis la vie à bon marché. Eh bien, depuis, le prix de la vie a doublé, triplé.

Par la liberté des théâtres, on promettait beaucoup de plaisir aux populations. Eh bien, le résultat, en fait de plaisirs, a été le même que pour la consommation : Il y a eu suppression, en grande partie, de tout ce qui facilitait les jouissances des classes non riches de Paris.

Les théâtres, si je ne me trompe, malgré la liberté proclamée, sont soumis à quelques restrictions de police. Le Gouvernement ne devrait-il pas, quand il autorise un théâtre qui reste sous sa surveillance, demander qu'il ne dépendît pas du directeur d'exclure non pas en droit, mais en fait, la population peu fortunée. On a supprimé une grande partie des places à bon marché pour les remplacer par d'autres d'un prix double. Ainsi, par le fait, on prive la population qui travaille toute la semaine pour avoir un jour de plaisir, d'aller au théâtre. De là cet autre inconvénient que les recettes des pauvres diminuent. Beaucoup de familles ne peuvent pas se procurer cette distraction, dont elles seraient si désireuses cependant, par suite de l'élévation de prix. Les salles restent vides jusqu'à une certaine heure, et alors les directeurs font ouvrir les portes ; ils ne donnent pas de billets soumis à la taxe des pauvres, mais ils laissent entrer le public, car ils craignent par-dessus tout que les acteurs ne jouent devant les banquettes.

Il y a donc là un préjudice pour les pauvres et pour le public : je voudrais que le Gouvernement pesât cette observation, et qu'il exigeât — car enfin il a le droit d'exiger, d'imposer certaines conditions puisqu'il protége — qu'un certain nombre de places à un prix déterminé ne fût ni diminué de nombre ni augmenté de prix. Je soumets cette observation au Gouvernement, tout en répétant que je vote pour l'ordre du jour.

Je voudrais dans l'intérêt de la population peu aisée, qu'elle ne fût pas exclue, je ne dis pas en droit, mais en fait, des théâtres qui sont pour elle une grande récréation.

Messieurs les sénateurs, on vient de parler beaucoup des pauvres, et l'on a eu raison. Eh bien, il y a beaucoup de places soustraites à l'impôt si légitime, si intéressant perçu à leur intention. On donne beaucoup de billets. Certains, on vient de vous le dire, sont sujets à la taxe des pauvres, mais beaucoup, un grand nombre échappent à la taxe. C'est un dommage pour les pauvres et pour la population, qui consentirait à payer de petites sommes, car cette population n'est pas celle qu'on admet gratuitement lorsqu'on ouvre les portes toutes grandes, quand les billets ne sont pas pris. Je demande qu'on pèse ces observations et que l'on voie s'il n'y aurait pas quelque chose à faire.

M. LE VICE-PRÉSIDENT BOUDET, *rapporteur*. Je suis très-embarrassé pour répondre à l'honorable marquis de Boissy ; car, en ayant l'air de parler des pauvres, il a soulevé une autre question. Si les mêmes mots ont été prononcés, les deux questions ne se ressemblent pas. Il a fait une excursion dans le domaine de la liberté des théâtres. Ce n'est pas là le sujet de la pétition.

Je ne m'arrêterai pas aux observations qu'il a présentées. Je répondrai seulement que le décret même qui a remis la liberté des théâtres a positivement réservé le droit des pauvres, et que, malgré la liberté des théâtres, les produits du droit des pauvres n'ont pas diminué; le rapporteur n'a pas la mission de faire d'autre réponse à M. de Boissy sur un sujet dont il n'a pas eu à délibérer. D'autres occasions se présenteront sans doute d'examiner l'influence que la liberté des théâtres peut exercer sur les bonnes ou mauvaises représentations et de juger par suite si le public y a gagné ou perdu. La commission, quant à présent, n'a pas à s'expliquer à cet égard. (Assentiment.)

Je me borne, en ma qualité de rapporteur, à l'observation que je viens de présenter.

M. LE MARQUIS DE BOISSY. Je n'ai pas contesté le mérite des conclusions de la commission ; j'ai dit, au contraire, que je votais l'ordre du jour. En appelant l'attention du Gouvernement sur la diminution du droit des pauvres, je ne voulais pas dire que le chiffre de la recette fût diminué, mais, que, comme il y a plus de théâtres, le chiffre, bien qu'augmenté en apparence, est en réalité proportionnellement diminué.

M. LE PRÉSIDENT. L'ordre du jour n'est pas contesté, je le mets aux voix.

(Le Sénat prononce l'ordre du jour.)

N° 8. — Extrait d'un discours de M. Cornudet, conseiller d'État, commissaire du Gouvernement, en réponse à M. Pelletan, député au Corps législatif.

(SÉANCE DU 19 JUILLET 1867.)

L'honorable M. Pelletan s'est plaint du droit des pauvres ; il a soutenu que ce droit était prélevé sur les œuvres de l'esprit, sur la rémunération des auteurs. J'en demande pardon à l'honorable M. Pelletan : ces droits sont prélevés sur la bourse du public ; ils sont payés par ceux qui veulent jouir du spectacle, par ceux qui prennent ce délassement; car, en fait, le prix des places au théâtre est toujours augmenté d'un supplément correspondant au droit des pauvres.

Si donc il y a 1,800,000 francs prélevés chaque année, à Paris, au profit des pauvres, sur les recettes théâtrales, j'en remercie la législation qui a créé cet impôt, le plus légitime de tous ; car il n'est pas exact qu'il diminue d'un centime les droits des auteurs ou même le traitement des artistes ; ces sommes sont prises uniquement sur le superflu, sur les jouissances du public, et, de tous les impôts, celui-là, je le répète, est le plus légitime, puisqu'il atteint les plaisirs du riche pour subvenir aux souffrances du pauvre. (Marques nombreuses d'approbation.)

N° 9. — Extrait du rapport de M. Busson-Billault, présenté au Corps législatif, sur le budget de 1870, dans la séance du 10 mars 1869.

C'est au même chapitre que se place, mais pour y soulever une autre question, l'amendement suivant de l'honorable M. Pelletan :

« Le droit des pauvres prélevé sur les théâtres est aboli. Il sera remplacé, « au profit de l'Assistance publique, par la somme des subventions théâtrales « inscrites au budget. »

La première conséquence de l'amendement serait de supprimer les subventions théâtrales ; nous croyons avoir établi la convenance et l'utilité de ces encouragements. En employant le montant du crédit pour remplacer ce qu'on appelle le droit des pauvres, au profit de l'Assistance publique, l'amendement arriverait à ce résultat de faire fournir à l'Assistance publique de Paris une subvention par le budget général de l'État. Mais c'est d'une manière plus générale qu'il y a lieu d'examiner cet amendement.

Le droit des pauvres, que l'on fait remonter au règne de Louis XII, a été maintenu, quant aux principes, par la loi du 16 août 1790 ; il a été organisé et réglé, quant à sa quotité, par la loi du 7 frimaire an v, dont l'article 1er ordonne, au profit des indigents, la perception d'un décime par franc en sus du prix de chaque billet d'entrée « dans tous les spectacles où se donnent des « pièces de théâtre, des bals, des feux d'artifice, des concerts, des courses « et exercices pour lesquels les spectateurs payent. »

Ce droit n'est donc pas établi sur l'exploitation des théâtres et spectacles. S'il est perçu presque toujours en même temps que le prix de la place, il en est distinct et est directement payé par le public. C'est à coup sûr le plus volontaire des impôts. Il est payé même par les étrangers qui ne font que séjourner momentanément dans la ville ; il offre à l'Assistance une ressource précieuse dans beaucoup de communes. A Paris, son produit n'est pas inférieur à 1,800,000 francs, et il faut reconnaître que les directeurs de théâtres ayant la liberté de fixer, comme ils le jugent utile à leurs intérêts, le taux des places, il est difficile d'admettre, surtout en présence des faits constatés, que la perception de cette taxe soit un obstacle au succès des exploitations théâtrales. L'amendement ne nous a pas paru pouvoir être adopté.

N° 10. — Articles divers de journaux (1).

Le Progrès de Lyon, du 13 mars 1869 :

Il faut le redire, l'impôt en lui-même nous semble juste et équitable, parce qu'il est vraiment proportionnel et que les travailleurs qui prennent des places à très-bas prix, ne payent qu'un supplément minime, pendant que, pour la fortune, le tarif est en quelque sorte progressif.

On ne doit pas perdre de vue qu'il faut toujours bien nourrir et soigner les pauvres dans les hôpitaux. Or, le produit des spectacles de toute nature étant considérable, — il s'élève à Paris à 2 millions environ, — par quoi le remplacerez-vous ? Par des surtaxes d'octroi, sans doute, dont une notable partie est déjà affectée à cette destination.

Faut-il démontrer à nouveau que les travailleurs payant de ce côté plus que la capitation, accumuleraient sur eux la charge des pauvres à l'hôpital ?

Les voilà bien avancés !

J. PALLE.

Le Progrès de Lyon, du 21 mai 1869 :

II

On lit dans un journal :

« Il paraît décidément que la question du *droit des pauvres* s'élabore. Le maréchal Vaillant fait étudier la chose. Suppression ?... Non : mais modification. »

Le droit des pauvres sur les billets d'entrée dans les spectacles a été attaqué avec une extrême violence par quelques feuilles amies des directeurs de théâtres. Rien là qui doive surprendre. Mais ce qui fait que notre étonnement « se dresse en montagne », selon l'expression d'Alexandre Dumas, c'est de voir des amis du peuple prendre part à cette campagne.

On a traité le droit des pauvres « d'injuste ». — Envers qui donc, s'il vous plait ? — Il existe en vertu d'une loi. La perception se fait en dehors et par-dessus

---

(1) Nous reproduisons ci-après quelques articles de discussion, et des extraits de divers journaux contenant des faits utiles à connaître.

le prix du billet; longtemps même elle a eu son guichet séparé. En quoi cela blesse-t-il les droits de directeurs de théâtres?

On dit encore qu'il est « immoral. » — S'il est un impôt moral, c'est celui qui se lève sur le luxe et les plaisirs. Cette pièce de monnaie que, sans le savoir souvent, on ajoute au prix d'une place de spectacle, c'est le denier offert au pauvre par le riche à l'occasion d'une distraction; c'est l'impôt payé par ceux qui s'amusent au profit de ceux qui souffrent. Ce droit se défend ainsi par la moralité même de son but, et il semble qu'il doive être difficile d'en contester sérieusement la légitimité.

On ajoute enfin qu'il est « contraire aux principes de 89. » Nous ne voyons rien dans les immortels principes, dont tout le monde se réclame sans se soucier de les mettre en pratique, nous ne savons rien voir qui s'oppose à ce que le trop plein de la fortune fasse retour, dans une mesure aussi restreinte, à ceux qui n'ont pas le nécessaire.

Il faut le redire, le rendement des billets de spectacle n'est pas sans importance comme impôt, car il s'élève, pour Paris seulement, à près de deux millions. Au contraire des autres impôts qui frappent davantage sur les masses, celui-ci est le seul, croyons-nous, non pas seulement proportionnel, mais progressif dans le sens de la fortune.

Voilà l'impôt qu'on voudrait supprimer; et pour qui? — Mais les directeurs de théâtres, au sort desquels nous nous intéressons d'ailleurs dans la mesure du raisonnable, ne profiteraient même pas de cette suppression, car tout aussitôt la concurrence les amènerait à une réduction équivalente. Est-ce par sollicitude à l'égard des travailleurs qui vont aux spectacles? — Mais pour les modestes places qu'ils occupent, c'est une obole à peine qu'ils ont à payer.

Il y a plus. Quand on aura supprimé cet appoint de millions, par quoi le remplacera-t-on? — Par les impôts de consommation, n'est-ce pas? Eh bien! on est encore à ignorer que ces impôts, quels qu'ils soient et malgré qu'on en ait, sont progressifs à l'égard des masses ouvrières? Donc, quand le luxe et le plaisir seront allégés de cette légère surtaxe, qui se paye de gaîté de cœur, ce sera affaire aux travailleurs d'aumôner les pauvres à l'hôpital. La belle avance! Et quelle singulière interprétation des principes de 89!

J. PALLE.

La *Gazette des Tribunaux*, du 10 mars 1869 :

Mais ce n'est pas la première fois qu'oubliant que le droit des pauvres n'est pas payé par eux, les directeurs de théâtres ont essayé de soutenir que l'Administration des hôpitaux devrait ne le percevoir que sur les bénéfices. Déjà, en 1719, lorsque le droit était d'un sixième et d'un neuvième, il a fallu qu'un arrêt du Conseil rétablit le véritable caractère de l'impôt des pauvres, et prouvât que cet impôt, perçu EN sus du prix des places, ne diminuait en rien les recettes des théâtres.

Cet arrêt, qui est d'un poids considérable dans la question soulevée aujourd'hui, s'exprime en ces termes :

« S. M. étant informée qu'au préjudice des lettres patentes et ordonnances, dont « les dispositions sont si précises, les directeurs de l'Opéra et les comédiens français « et italiens ont, depuis quelques mois, prétendu que le sixième et le neuvième « ci-devant attribués à l'Hôpital général et à l'Hôtel-Dieu, ne devraient être perçus « qu'après avoir prélevé les frais de représentation, ce qui est manifestement « contraire aux termes desdites lettres patentes et ordonnances, et *ne peut d'ailleurs « avoir aucune apparence de justice*, d'autant que, le sixième et le neuvième étant « perçus PAR AUGMENTATION, les directeurs de l'Opéra et les comédiens reçoivent, « pour leur compte, les sommes qu'ils faisaient précédemment sans aucune dimi- « nution, et sur lesquelles ils étaient obligés de payer les mêmes frais auxquels les « spectacles sont nécessairement assujettis ;

« Ordonne, que conformément aux lettres patentes et ordonnances des 25 février « 1699, 31 août 1701 et 5 février 1716, le sixième et le neuvième continueront à « être perçus au profit dudit Hôtel-Dieu et de l'Hôpital général, PAR AUGMENTATION « des sommes qu'on recevait avant lesdites lettres patentes et ordonnances, pour les « places et les entrées aux opéras, comédies et autres spectacles publics, etc. »

La question est donc aujourd'hui ce qu'elle était en 1719, puisque les théâtres reprennent le vieil argument, qui déjà alors n'avait aucune apparence de justice, et qui a été détruit avec tant de force et de raison par l'arrêt du Conseil précité.

Que deviendrait notre système de contributions indirectes, si toutes les administrations ou toutes les personnes qui sont collecteurs d'impôts pour l'État, élevaient la prétention de ne restituer, que sur leurs bénéfices, les sommes qu'elles perçoivent pour le Trésor public ?

Il existe un impôt du dixième sur le prix des places dans les voitures publiques et dans les chemins de fer. Cet impôt est perçu, pour le compte de l'État, par les compagnies. Les cahiers des charges autorisent les compagnies à percevoir des droits de péage et de transport qui sont de 10 centimes par voyageur et par kilomètre. Mais, comme il y a un impôt d'un dixième, les compagnies perçoivent 11 centimes, parce qu'il y a 1 centime EN SUS pour l'État. Ce centime n'est pas payé par elles sur leurs recettes. Il est réellement payé par le voyageur, PAR AUGMENTATION du prix de sa place. Le voyageur paye à la compagnie ce que le cahier des charges lui alloue, et il paye en plus un dixième d'impôt, dont la compagnie devient dépositaire pour l'Etat, et qu'elle lui restitue tous les quinze jours.

Que dirait-on si les compagnies de chemins de fer voulaient retenir ce dixième sous prétexte que leurs recettes ne sont pas assez élevées?

Les débitants de boissons ne sont-ils pas aussi collecteurs d'impôts pour l'Etat ? Ils avancent à l'Etat l'impôt sur la boisson qui, en définitive, est payé par le consommateur, car, dans le prix de vente fixé par le débitant, il y a un élément qui représente le droit payé à l'Etat. Les débitants seraient-ils fondés à demander que l'impôt ne fût plus payé à l'Etat ou qu'il ne le fût que sur leurs bénéfices, et à exiger toujours cependant à leur profit personnel, des consommateurs, une somme égale à l'impôt supprimé ? C'est un résultat analogue qu'amèneraient les adversaires du droit des pauvres. Car, suivant eux, les théâtres devraient continuer à demander aux spectateurs tout ce qu'ils payent aujourd'hui, et ne plus rien restituer à l'Assistance publique.

Si les recettes des théâtres sont insuffisantes, est-ce donc avec les ressources du budget des hôpitaux qu'il faut les augmenter ?

Rien n'empêche les administrations théâtrales d'élever leurs prix ; elles ont prouvé dans ces derniers temps qu'elles savaient le faire. Tel théâtre qui, il y a quelques années, ne faisait, salle pleine, que 3,000 francs de recette, fait aujourd'hui 4,500 francs, et cependant le nombre des places est le même : il n'a pas été augmenté d'une seule ; les prix seuls ont varié.

Ce n'est pas le dixième à payer EN SUS pour les pauvres qui éloignera les spectateurs.

D'ailleurs, il n'y a pas d'impôt plus juste que le droit des pauvres. C'est un impôt somptuaire, un impôt sur le plaisir, au profit de la misère et de la souffrance. C'est un impôt qui ne frappe que ceux qui veulent bien s'y soumettre, car nul n'est obligé de se donner les distractions du spectacle. Les taxes de consommation sont indispensables, et souvent elles frappent des objets nécessaires à l'existence, tandis que le plaisir du théâtre constitue une dépense de luxe.

D'ailleurs, qu'on ne l'oublie pas, si le droit des pauvres était supprimé, le prix des places dans les théâtres ne serait pas diminué. Seulement, le dixième, que les spectateurs payent aujourd'hui pour les hôpitaux, constituerait une augmentation de recettes pour les théâtres, et entrerait dans leurs caisses au lieu de continuer à être versé dans celle de l'Assistance publique.

Ch. DUVERDY.

Le *Moniteur universel*, du 10 janvier 1870 :

LE DROIT DES PAUVRES.

Une brochure que le critique éminent de la *Patrie*, M. Edouard Fournier, vient de publier, a réveillé la question si souvent débattue du droit des pauvres perçu à la porte des théâtres par l'administration de l'Assistance publique.

Il est entré dans la lice armé de documents qui remontent à l'époque où des confréries, animées d'un zèle pieux, allaient, de ville en ville, donner des représentations qui duraient souvent trois jours et dont les municipalités faisaient quelquefois tous les frais. Mais sa science — et il en fournit des preuves en maintes circonstances — n'apporte aucun fait nouveau et aucune démonstration concluante en faveur de son opinion, de tout point contraire à la légalité et à la légitimité de ce droit.

Notre spirituel confrère nous permettra-t-il de lui dire qu'il nous paraît, cette fois, avoir passé à côté de la question ?

Ainsi que M. Hostein, qui l'a soulevée dans une brochure à laquelle une partie de la presse a prêté le concours de sa polémique, et comme les directeurs qui l'ont suivi dans cette campagne, il conclut à la suppression immédiate et radicale du droit des pauvres.

Que les directeurs des différents théâtres de Paris la réclament, nous le comprenons ; il y a là une grosse somme à partager entre un petit nombre de mains ; rien de plus simple. Mais qu'un écrivain, qui a étudié la question, soit de ce même avis, c'est ce qui nous passe.

Mais puisque des journaux et des journalistes en grand nombre ont élargi le débat, en le faisant entrer dans le domaine de la discussion publique, j'oserai à mon tour aborder cette question et la discuter.

On a parlé à ce sujet d'exaction et d'impôt vexatoire, de faillites et de ruines entassées par ce droit inique, et de la perturbation qu'il jette dans l'industrie dramatique, atteinte dans sa source et menacée dans sa prospérité.

Nous surprendrons certainement le public, et peut-être aussi M. Edouard Fournier, en affirmant que non-seulement aucun théâtre n'a jamais eu à souffrir de la taxe prélevée sous le nom de droit des pauvres, mais encore que jamais un centime n'a été distrait de la somme totale perçue par une administration sur la vente des billets ; bref, qu'aucun impôt particulier ne pèse sur l'industrie des théâtres.

Le droit des pauvres, l'impôt odieux et tyrannique, c'est le spectateur qui le paye, jamais le directeur.

Et les directeurs le savent bien ; seulement ils se gardent encore mieux de le dire.

Et qu'on veuille bien le remarquer : ceci n'est point un paradoxe, c'est l'expression pure et simple de la vérité. Mais on a fait tourbillonner tant d'articles et tant de brochures autour de cette vérité qu'elle est un peu voilée.

Quelques mots nous feront mieux comprendre.

Sans remonter aussi loin que M. Edouard Fournier dans l'histoire du droit des pauvres, rappelons seulement que le point de départ de la législation actuelle est un édit du roi Louis XIV, en date du 25 février 1699, qui prescrit « qu'un sixième *en sus* des sommes qu'on reçoit et qu'on recevra à l'avenir pour l'entrée aux opéras et aux comédies soit perçu au profit de l'hôpital général, pour être employé à la subsistance des pauvres... »

Avez-vous remarqué ces deux petits mots : *en sus* ? Toute la question est là ; et qu'elle serait claire, si on ne l'avait pas embrouillée à plaisir !

En sus ! cela veut dire que si la place à l'Opéra ou à la Comédie vous coûtait, à vous spectateur, avant l'ordonnance, une pièce ronde de trois livres, cette même place, après l'ordonnance, vous coûtait trois livres six sols. Le théâtre, c'est-à-dire le directeur, prenait ses trois livres, sans en distraire un denier, et partant ne perdait rien, — et les pauvres gagnaient six sous qui sortaient de la poche du spectateur.

Est-ce clair ?

Et c'est si vrai qu'une ordonnance contentieuse rendue le 4 mars 1719 — vingt ans après — répondant aux directeurs et aux comédiens qui, volontairement oublieux des termes de l'édit du 25 février 1699, et confondant avec habileté le tout et la partie, eussent voulu que ce droit ne fût perçu qu'après le prélèvement des frais de représentation, rappelait que ce droit du sixième augmenté d'un neuvième au profit de l'Hôtel-Dieu « devait être perçu *par augmentation* des sommes qu'on recevait avant lesdites lettres patentes et ordonnances pour les places et les entrées aux opéras, comédies et autres spectacles publics qui se jouent à Paris... »

En 1699, il y avait *en sus*. En 1719, il y a *par augmentation*.

Une fois encore nous dirons : Est-ce clair ?

A partir du jour où cette ordonnance fut rendue, les directeurs ne cessèrent pas de toucher le prix intégral des places tel qu'ils l'avaient précédemment établi, et les personnes qui avaient envie de chercher des distractions aux théâtres continuèrent à tirer de leur poche le fameux sixième augmenté d'un neuvième.

En tout cela, où est l'impôt inique et vexatoire, cet impôt qui ruine les théâtres ?

On tond la laine sur le dos du public, et il ne se plaint pas. On ne touche pas à la toison des directeurs, et ils crient !

Cela pourrait paraître surprenant, si on ne connaissait les mystères du cœur humain.

Cet argent qui passait par leurs mains avant d'entrer dans la caisse des pauvres, les entrepreneurs de spectacles s'accoutumèrent à le regarder comme une chose qui pourrait un jour leur appartenir. Et de la chose qui *peut* être à vous, à la chose qui *doit* être à vous, la distance est si courte qu'elle est bientôt franchie.

Et remarquons en passant que cet argent perçu en sus de la recette, et dont les directeurs n'ont jamais été que les dépositaires, n'entre même pas dans leur caisse et ne saurait figurer sur leurs comptes qu'à titre provisoire. Dès le soir même, un agent des hospices, la recette comptée et vérifiée, prend la part que les spectateurs ont payée pour les pauvres et l'emporte.

Je sais bien que toute trace de la séparation recommandée par le législateur entre le prix de la place et la taxe imposée a complétement disparu, et qu'aujourd'hui le droit perçu pour les pauvres a toutes les apparences d'un impôt qui frappe la recette même. Mais cet excès de précaution, qui donc l'a pris, sinon les directeurs eux-mêmes ? Et il ne faut pas un génie particulièrement inventif pour en deviner le motif. Ainsi, par exemple, et pour ne citer qu'un fait, ne se rappelle-t-on pas qu'il y a quelques années encore, le prix des places, au parterre du Théâtre-Français, était de 2 fr. 20 cent., c'est-à-dire 2 francs pour le théâtre et 20 centimes pour les pauvres? Ici le tarif affiché à la porte même du théâtre gardait la marque de ce droit et en indiquait l'origine. Plus tard, le prix de ces mêmes places au parterre a été porté à 2 fr. 50 cent., et la trace du droit des pauvres a été noyée dans l'augmentation.

Le droit fixé par l'ordonnance de Louis XIV continua à être perçu sans interruption jusqu'aux premiers jours de la République, qui en suspendit momentanément la perception ; mais bientôt la loi du 7 frimaire an v le rétablit sur les bases actuelles. Puis vint le décret du 9 décembre 1809 qui en détermina la permanence jusqu'en 1817, époque où cette perception entra dans les lois de finances.

Elle y figure encore aujourd'hui.

Mais cette part qui, de la poche des spectateurs, passait dans la caisse du buraliste, papillotait aux yeux des directeurs, qui n'eussent pas été fâchés de la retenir en chemin. Et combien d'autres ne sait-on pas que le même désir eût alléchés, s'ils avaient été entourés des mêmes tentations ?

De là des protestations qui se renouvelaient par intervalles dans les mêmes termes et avec la même ardeur. Percevoir et ne pas garder, n'est-ce pas un supplice trop cruel pour toute personne qui cherche à faire fortune ?

C'est pourquoi, sans doute, une levée de boucliers a été de nouveau tentée dernièrement et, cette fois, accompagnée d'un certain tapage. Et cette levée de boucliers avait naturellement pour chefs et pour meneurs les directeurs eux-mêmes. On ne renonce pas aisément à l'espérance d'emporter dix-huit cent mille francs d'assaut.

La question de légalité vidée, voyons ce qu'il y a au fond des arguments produits par M. Hostein dans sa fameuse brochure, et répétés à sa suite par les directeurs qui se sont associés à sa réclamation.

Ils n'ont pas manqué, les uns et les autres, de déclarer que, dans leur pensée, cette taxe des pauvres correspondait à un certain monopole dont eux et leurs prédécesseurs étaient investis, à l'époque où l'exploitation des entreprises théâtrales était soumise au régime du privilége.

La liberté des théâtres proclamée, l'un des côtés de cette espèce de contrat synallagmatique tombant, l'autre devait tomber aussi.

J'imagine que les signataires de cette réclamation seraient fort embarrassés si on leur demandait de fournir, dans l'ordonnance du 25 février 1699 ou du décret du 9 décembre 1809, quelque chose du lien qu'ils prétendent établir entre le droit des pauvres et le privilége.

Et cela fait, ils devraient encore prouver que la liberté des théâtres a nui à leurs intérêts.

Et cette preuve serait non moins difficile à établir que l'autre.

Les chiffres cette fois répondront. Ils ont une éloquence qu'on ne contestera pas.

Pendant les cinq dernières années de la période du système des priviléges, c'est-à-dire de 1859 à 1863, la recette des diverses entreprises théâtrales s'est élevée à 70,391,447 francs.

Et pendant la période correspondante du régime de liberté, c'est-à-dire de 1863 à 1868, cette même recette a atteint le chiffre de 83,958,672 francs.

Un peu plus de treize millions en cinq ans.

Est-ce donc une ruine que ce bénéfice ?

Mais que de choses, qui, de blanches qu'elles étaient, deviennent noires, quand le feu de la discussion vous emporte !

Voilà donc cette pauvre liberté qui, de 70 millions, a fait sauter la recette au chiffre de 83 millions, accusée de faire tout le mal, et parce qu'on reçoit plus, soudain il faut donner un peu moins.

Non pas donner même, car jamais on n'a rien donné, mais au contraire prendre ailleurs.

Et qu'on veuille bien le remarquer, il ne faut pas croire, comme on serait tenté de le faire, que le décret du 6 janvier 1864, qui a établi la liberté des théâtres, ait eu pour effet d'augmenter, dans une notable proportion, le nombre des entreprises soumises au droit des pauvres. Il y en avait vingt-neuf avant le décret ; il y en a trente-deux à présent, trois de plus en tout.

Et ces trois établissements, qui représentent toute la différence entre le chiffre ancien et le chiffre nouveau, ne sont que des entreprises de second ordre dont la concurrence ne saurait être redoutable.

En revanche, cette même liberté, qu'on traite un peu comme autrefois le baudet de la fable, a permis aux directeurs de fermer les théâtres pendant la morte saison, et l'on en sait au moins cinq ou six qui usent régulièrement de cette faculté, sans parler de ceux qui en usent par intervalles. Cette faculté qui a bien sa valeur déjà est-elle la seule ? Oh ! que nenni ! Cette même liberté, cause prétendue de tant de maux, leur permet encore d'augmenter à volonté le prix des places, ce qu'ils n'ont pas négligé de faire à l'occasion, et, en outre, de varier leurs genres dans l'espoir d'étendre leur clientèle.

N'est-ce pas une compensation considérable que tout cela, et sérieusement est-on fondé à se plaindre d'une liberté qui commence par accroître la somme de tous les droits, et finit par augmenter de treize millions le chiffre des recettes ?

Combien d'industriels qui payeraient cher une telle calamité !

Il est un autre chapitre que les signataires de ces réclamations ont abordé, c'est celui des faillites. Nous les suivrons sur ce terrain délicat.

Ces faillites leur font pousser les hauts cris ; c'est toujours en effet une chose grave que ces catastrophes qui brisent par le milieu l'existence commerciale d'un industriel. Et naturellement on en rend responsable le droit des pauvres :

Ce pelé, ce galeux d'où nous vient tout le mal.

Mais d'abord, en quoi la faillite d'un entrepreneur de spectacles est-elle plus déplorable que la faillite d'un manufacturier, d'un armateur, d'un propriétaire de hauts-fourneaux ? Pourquoi et par quoi doit-elle inspirer plus d'intérêt ? Qui donc s'est jamais avisé, quand une usine éteint ses chaudières ou lorsqu'une filature arrête ses broches, de prendre à partie l'impôt qui frappe les houilles ou les cotons ? On s'en prend au mot, et l'on vous dit : Triste logique ! avec votre droit des pauvres, vous faites des pauvres !

Il serait aussi juste de dire que toutes les ruines dont le tribunal de commerce a à connaître sont imputables au budget !

Comment, en outre, un impôt qu'on ne paye pas peut-il vous ruiner ?

Laissons là ce mystère que l'arithmétique n'explique pas, et prenons les chiffres de ces faillites éclatantes autour desquelles on a fait tant de bruit.

Parmi celles qui ont été déclarées en 1868 et 1869, il en est deux que nous citerons pour modèles, — nous réservant, si besoin est, de parler des autres.

L'une de ces faillites présente un passif de 623,724 francs, à laquelle somme il faut ajouter le passif personnel du directeur, qui s'élève à 198,238 francs.

L'autre a déclaré un passif de 1,132,826 francs, qui doit s'augmenter d'un passif personnel de 97,000 francs à peu près.

Quelle part revient dans ces sommes colossales au droit des pauvres ? Et l'Administration de l'Assistance publique, en eût-elle fait remise aux entreprises en déconfiture, en eût-elle empêché la faillite ?

Et nous ne parlons pas des succès éclatants obtenus par ces mêmes théâtres où l'on a vu certaines pièces occuper l'affiche pendant de longs mois !

Quelles recettes fantastiques alors, et que les spectateurs se lassaient peu de porter leur argent au bureau !

Non ! les causes de ces ruines ne sont pas dans le droit des pauvres dont on a fait le *delenda Carthago* de toutes les récriminations ; il ne nous appartient pas de les indiquer, mais croit-on qu'en cherchant un peu, il serait bien difficile de les découvrir ?

Mais, par exemple, ce qu'on ne dit pas, c'est que certains directeurs ont pris en mains des entreprises, sans avoir de capitaux qui leur fussent personnels. Ils commençaient par emprunter, et après avoir engagé leurs signatures pour une année, ils l'engageaient pour un mois, pour une semaine, pour un jour, et l'on peut deviner à quels taux usuraires. Dans de telles conditions, comment s'étonner que la faillite ait marqué le dernier acte de leur aventureuse administration ?

Des arguments présentés par les signataires des mémoires et des brochures qui réclament la suppression du droit des pauvres, que reste-t-il ?

Au point de vue légal, il est incontestable et a pour lui la consécration de près de deux siècles.

Et il a cet avantage de ne pas frapper les entrepreneurs de spectacles — car on ne saurait trop insister sur ce point — mais seulement les personnes qui veulent profiter des plaisirs et des divertissements offerts à leur curiosité.

Le privilége accordé comme une compensation de cette taxe ? Nulle part, nous l'avons dit, on ne trouve trace de ce contrat inventé pour les besoins de la cause. Mais cet argument, fût-il sérieux, tomberait devant ce fait capital que, depuis que le système de la liberté des théâtres a été inauguré, le produit des recettes a considérablement augmenté.

Restent les faillites. Mais la faillite est l'une des chances du commerce. En vertu de quel droit voudrait-on que l'industrie du théâtre fût en dehors de la loi commune ? Et de plus, pour bien apprécier les faillites dont on s'arme pour combattre le droit des pauvres, il faudrait en connaître tous les éléments et les discuter, ce qui ne pourrait se faire qu'en passant par dessus le mur édifié par M. Guilloutet.

Maintenant, toute cette guerre qui a occupé la presse et les ministères, au profit de qui l'a-t-on entamée ? Il faut rendre ici justice à la franchise, j'allais presque dire à la naïveté de ceux qui la poursuivent à grand renfort d'articles et de brochures.

Le public, le spectateur qui paye seul la taxe des pauvres profitera-t-il, dans une mesure quelconque, de la suppression de cette taxe ?

Lui en fera-t-on remise d'une part, de la moitié, par exemple ? Non ; du tiers, du quart ? Non, pas davantage. Du cinquième, peut-être ? Non ! non ! toujours non ! Gagnera-t-il enfin un centime sur le prix de la place qu'il prend au bureau ? A d'autres !

Ce que les pauvres perdront, les entrepreneurs le gagneront, eux seuls, rien qu'eux. C'est l'application du fameux proverbe : « Ote-toi de là que je m'y mette. »

En prenant les choses d'un peu haut, pense-t-on qu'il n'y a pas quelque justice à faire la part de la misère sur le luxe ? Si une parcelle de la somme que vous consacrez à un plaisir tombe dans la main de ceux qui souffrent, est-ce donc un malheur qui justifie de si continuelles réclamations ? Ceux qui l'abandonnent ne s'en plaignent pas, et vous en parlez comme d'un attentat, presque un vol !

J'arrive à présent à une autre considération qui a bien aussi sa valeur.

On parle volontiers de cette industrie des théâtres comme étant pleine de périls et toute semée d'écueils, sur lesquels les plus habiles sont exposés à faire naufrage. Nous le voulons bien, puisqu'on le dit, mais pourquoi alors tant de rivaux pour les entreprises qui deviennent vacantes, et tant d'empressement à se disputer les successions ouvertes ? Quel théâtre a-t-on vu chômer longtemps ? Est-ce la Porte-Saint-Martin, le théâtre de la Gaîté, le Théâtre-Lyrique, le Châtelet, malgré leurs récentes catastrophes ?

Or, ce ne sont point des novices qui en ont accepté les charges, ni des téméraires pour qui les choses de Paris sont lettres closes !

N'a-t-on pas vu dernièrement encore le théâtre du Château-d'Eau passer entre les mains d'un homme dont personne ne contestera l'expérience en ces sortes de matières ?

Il ne faut jamais qu'une question de principes descende jusqu'à une question de personnes ; mais puisqu'on a parlé de faillites, ne peut-on pas parler en retour des fortunes dont les théâtres ont été la source unique ?

Elles ont été honorablement gagnées ; c'est le fruit légitime de patients efforts, d'une sage administration servie par une intelligence active. On est heureux d'avoir à les constater, mais enfin ces fortunes, et elles sont nombreuses, ne prouvent-elles pas que cette industrie des théâtres qui succombe, dit-on, sous le poids écrasant de la taxe des pauvres peut encore donner de brillants résultats ?

Combien de directeurs que j'ai l'honneur de connaître, à qui toute mon estime et toutes mes sympathies sont acquises, et qu'une indépendance dorée a récompensés de leurs travaux ! Leurs noms sont au bout de ma plume, mais pourquoi les nommer ?

Ils ont eu la prévoyance, l'économie, l'ordre, l'intelligence. Tout le mystère est là.

La taxe des pauvres, dont on demande la radiation, rapporte à l'administration des hospices et hôpitaux de la ville de Paris une somme ronde de dix-huit cent mille francs. Ces dix-huit cent mille francs qui lui sont absolument, je ne dis pas seulement nécessaires, mais indispensables, puisque le budget municipal lui vient en aide par une subvention annuelle de douze à treize millions, il faudra bien, si la source où on la puise est tarie, les demander à l'impôt.

Est-ce la contribution foncière ou l'octroi qui les payera ? Mais alors vous faites payer par tout le monde une taxe qui, jusqu'à ce jour, n'a été acquittée que par ceux qui prennent le plaisir du spectacle. Et voilà l'ouvrier qui ne va pas au théâtre qui paye pour l'oisif qui en a l'habitude quotidienne.

En l'état des choses, n'est-ce pas la masse des étrangers riches qui donne sur son superflu ce droit dont on poursuit l'abolition ? Les en affranchir pour en charger la totalité des Parisiens, n'est-ce pas illogique ?

Les dix-huit cent mille francs qui, du chef des théâtres, figurent au budget de l'Assistance publique, représentent trois mille six cents lits dont les couvertures et les matelas attendent, dans les vastes salles des hospices et des hôpitaux, les malheureux que la misère ou la maladie accable.

Si l'on tient absolument à partager ces dix-huit cent mille francs entre les directeurs des vingt-cinq ou trente théâtres qui existent à la surface de Paris, il y a trois mille six cents lits à jeter par les fenêtres des établissements hospitaliers.

Posée en ces termes, — et lorsqu'on sait en outre que les directeurs ne payent rien et que les spectateurs payent tout, — la question nous semble résolue.

AMÉDÉE ACHARD.

Le Contemporain, du 31 mars 1869 :

« Faut-il répondre à cette argumentation que le droit des pauvres est un impôt arbitraire, inégal, contraire aux principes de 1789 qui veulent l'égalité de tous devant l'impôt ? Nous ne nous attendions guère, il faut en convenir, à voir les immortels principes en cette affaire. Mais alors nous irions loin dans cette voie. Il faudrait faire payer l'impôt sur le tabac à tous les Français, même à ceux qui ne fument ni ne prisent ; l'impôt sur les boissons alcooliques à ceux qui ne boivent que de l'eau. Laissons donc de côté les principes de 89, qui ne nous paraissent pas compromis. Oui, tout le monde est soumis à l'impôt, en ce sens que personne n'en est exempt par privilége ; mais pour les impôts indirects ou de consommation, n'y sont soumis que ceux qui consomment. Vous achetez un cigare, vous payez l'impôt. Vous prenez un billet au théâtre des Variétés, vous payez le droit des pauvres. S'ensuit-il qu'il y ait entre vous et celui qui ne fume pas ou qui ne va pas au spectacle une inégalité contraire aux principes de notre droit public ? »

Michel CORNUDET.

L'Illustration, du 22 janvier 1870 :

« Faut-il parler de la retraite de M. Pasdeloup qui, pour avoir trop aimé Wagner, « pour avoir cru en MM. Bizet et Joncières, est obligé de quitter le Théâtre-Lyri- « que après des pertes sèches assez considérables ?

« Parbleu ! me direz-vous, le droit des pauvres !

« Halte là : ce droit, peut-être choquant dans la forme, est profondément logi- « que : c'est un impôt de consommation comme l'octroi, qui pèse sur le public « autant que sur l'entrepreneur, et que son caractère absolument moral aurait dû « mettre à l'abri de trop vives attaques.

« Cela est si vrai que, primitivement, il existait deux bureaux à la porte des « théâtres. Le public payait à l'un le prix de la place, à l'autre le décime pour les « pauvres. Si donc on supprimait le droit des pauvres, les spectateurs seraient en « droit de réclamer énergiquement une diminution proportionnelle, et les directeurs « de théâtres se retrouveraient dans le même cas que devant. »

Francis MAGNARD.

Le Figaro, du 23 décembre 1867 :

Les membres de la Société des auteurs dramatiques viennent de recevoir la circulaire suivante :

Paris, 18 décembre 1867.

« Monsieur et cher confrère,

« La commission des auteurs et compositeurs dramatiques a l'honneur de vous informer que M. Marc Fournier, directeur du théâtre de la Porte-Saint-Martin, n'a pas renouvelé son traité avec la Société, et elle vous rappelle qu'aux termes de l'article 18 des statuts, *il est interdit aux sociétaires de faire représenter aucun ouvrage ancien ou nouveau, sur un théâtre qui n'aurait pas de traité général avec la Société.*

« Agréez, monsieur et cher confrère, l'expression de notre considération la plus distinguée.

« *Pour la commission des auteurs et compositeurs dramatiques,*

« Les secrétaires :

« E. de NAJAC, J. ADENIS. »

Voici ce qui a amené cette rupture :

M. Fournier vend tous les jours aux agences des théâtres un certain nombre de places ; il les vend un prix convenu d'avance entre lui et les directeurs de ces agences.

Eh bien ! la Commission prétend prélever son droit proportionnel, non pas sur le prix de ces places tel qu'il est affiché au bureau, mais bien sur le prix réel que ces places atteignent quand un succès les fait monter comme des valeurs à la Bourse.

Espérons que demain cette petite querelle sera terminée, à la satisfaction des deux ennemis d'aujourd'hui.

Le Figaro, du 24 décembre 1867 :

La salle des Variétés a été remise à neuf.

En outre, le parterre a disparu pour faire place à de confortables stalles d'orchestre où les dames seront admises.

Enfin les baignoires de l'ancien pourtour sont devenues de belles loges grillées à six places.

Grâce à ces modifications, le maximum de la recette, qui était d'environ 5,300 francs, pourra atteindre désormais à plus de 5,600 francs.

Le Figaro, du 30 avril 1869 :

Paris, le 28 avril 1869.

« Monsieur le rédacteur,

« Votre chronique des théâtres ne manque pas de signaler les tableaux que l'on voit sur la scène ; mais ceux qui restent appendus à la porte offrent un intérêt qu'elle a tort de négliger.

« Un exemple :

« Lundi, le tableau des prix de la Porte-Saint-Martin portait ces deux lignes

« Fauteuils de la 1re galerie . . . . 6 francs.
« Fauteuils de la 1re galerie de premier rang 7

« Aujourd'hui mercredi, on lit :

« Fauteuils de la 1re galerie de face. . . . . 7 francs
« Fauteuils de la 1re galerie de côté. 7

« Et la buraliste dit : « Nous n'avons jamais de premier rang ; il est loué à l'année aux marchands de billets. »

« Ne croyez-vous pas intéressant pour le public d'apprendre, après les détails artistiques d'un succès, la façon intelligente dont on l'exploite (le succès).

« Agréez, etc.

« J. Gambès. »

Le Figaro, du 26 juin 1869 :

Les dernières recettes de *Patrie !* seront dignes des premières : elles varient de 4,500 à 5,000 et 5,500 francs !

Heureux Raphaël, et chaque matin une dépêche lui apporte la recette de la veille à Londres : 7,500 ou 8,000 francs réalisés par la *Grande-Duchesse*.

Le Figaro, du 30 juin 1869 :

Voici le bilan exact des cent une représentations de *Patrie*, à la Porte-Saint-Martin :

Mars, du 18 au 31	85,929 fr.	50 c.
Avril	195,630	»
Mai	160,637	75
Juin, du 1er au 27.	89,572	75
Total.	531,770 fr.	» c.

Ce qui donne une moyenne de 5,265 francs par représentation.

Déduction faite des frais, le bénéfice réel de M. R. Félix aura été, pour cette première série, de 105,000 francs, au minimum, *sans parler de certaines combinaisons de billets.*

Le bénéfice de M. Sardou peut s'évaluer à 80,000 francs.

La part des pauvres à 50,000 francs.

Celle des trois artistes en représentations à 70,000 francs.

Le Figaro, du 15 décembre 1869 :

Me voilà très-embarrassé... Comment vous avouer cela ? Il faut croire que j'ai l'esprit mal fait, mais cet affreux droit des pauvres ne me paraît pas si injuste que cela.

Ce n'est point en effet une taxe prélevée arbitrairement sur quelques industriels : c'est un impôt public dont les directeurs de théâtre sont les fermiers; c'est un impôt sur le luxe, sur le superflu, un impôt moral et socialiste par excellence, un impôt tel qu'on le rêve pour l'avenir.

Je vous jure que je ne veux point faire du sentimentalisme ici; mais il me semble qu'une haute idée, qu'un enseignement profond, digne pour tout dire de la vertu républicaine, se dégage de ce décime par franc prélevé au profit de ceux qui souffrent, sur la dépense de ceux qui s'amusent. Les hospices sont bien assez riches, dit-on. Hélas ! voyez que de misères encore dans cet immense Paris, que de foyers sans feu, que de petits enfants en guenilles, que d'ouvriers besoigneux ! Changez, si cela vous fait plaisir, la destination de la taxe, transportez-la des hospices aux bureaux de bienfaisance; mais ne réduisez pas encore ce budget si étroit de la bienfaisance. Donnez ! le plaisir rend — c'est-à-dire devrait rendre — l'âme si bonne !

Voyons, entre nous : les directeurs de théâtres sont-ils tellement intéressants qu'il faille les faire bénéficier d'un ou deux millions qu'on retirerait aux indigents ?

Remarquez que ces messieurs ne prennent point chat en poche : ils savent de quoi il retourne quand ils deviennent entrepreneurs de spectacle. Ils vendent du plaisir comme les cabaretiers vendent du vin, comme les bouchers vendent de la viande, à condition de payer un droit de tant sur la viande, le vin et le plaisir vendus. Cette taxe s'appelle ici l'octroi; là le droit des pauvres. Des deux côtés, c'est, je le répète, un impôt indirect supporté par le public.

Le boucher, le cabaretier et le directeur de théâtre doivent, s'ils sont bons ménagers, arranger la vente de leurs produits de façon à couvrir au moins les frais de leur entreprise, une fois ce droit prélevé.

C'est ce qu'ont fait et ce que font encore plusieurs directeurs de théâtres. Malgré le droit des pauvres, ils réalisent d'honorables bénéfices, semblables en cela à tous les commerçants heureux. D'autres directeurs se coulent. Est-ce à cause du droit des pauvres ? Ils l'affirment. Mais, en toute justice, le jour où ce droit disparaîtrait, le public exigerait une diminution de deux sous par franc sur le prix des places, et alors les directeurs malheureux se trouveraient juste au même point que la veille.

Ces messieurs sont enchantés de donner ainsi le change à l'opinion : il faut, selon moi, chercher ailleurs les causes de leurs malheurs.

Elles sont multiples. D'abord les exigences des artistes, puis la médiocre qualité des pièces qu'ils représentent, — comme je l'ai déjà dit, ceci n'est point de la faute des directeurs : ils demandent des auteurs et n'en trouvent pas ; — enfin et surtout les ruineuses dépenses de mise en scène auxquelles on a habitué les spectateurs. Autrefois, on jouait les *Pilules du Diable* avec des trucs innocents et le directeur gagnait de l'argent : aujourd'hui on joue la *Salamandre imperméable* — évitons les personnalités ! — avec cent cinquante mille francs de gazes, de lumière électrique, de demoiselles en grappe, et le directeur se ruine... pardon ! — ruine ses actionnaires.

Je déplore le progrès du mauvais goût qui paraît tenir à ces coûteuses fariboles ; je plains les directeurs de théâtres qui se voient obligés de les satisfaire ; mais, franchement, sacrifier aux intérêts d'une centaine d'industriels le revenu des malheureux, cela me paraît aussi impossible que si on supprimait les droits d'octroi sur les liquides — à seule fin d'empêcher les débitants maladroits de se mettre en faillite.

LE REMPLAÇANT.

Le Figaro, du 26 décembre 1869 :

On sait qu'en dehors des *ayants droit*, c'est-à-dire les fonctionnaires de la maison, les *loges de service* sont seulement offertes, au nom de l'Empereur, aux personnages de distinction *de passage* (et non en résidence) à Paris,

Et voulez-vous savoir ce que coûtent ces loges à l'Empereur ? Par conséquent, pourquoi elles ne seront pas supprimées et pourquoi les directions n'ont jamais songé à demander ces suppressions ?

L'Empereur paye ses loges de service :

A l'Opéra, 100,000 francs par an.

A l'Opéra-Comique, aux Italiens et aux Français, 30,000 francs.

Au Gymnase, 10,000 francs.

A l'Odéon, 10,000 francs.

Quant aux autres théâtres, le prix de chaque loge est fait comme le prix des petits pâtés. Chaque fois que l'Empereur y prend une loge, il la paye 500 francs.

Et ce client, le meilleur des théâtres, *n'a jamais* réclamé contre le *droit des pauvres*.

Le Figaro, du 1er février 1870 :

MM. les directeurs de théâtres demandent encore l'abolition du droit des pauvres, ce qui est injuste, attendu que ce ne sont pas eux qui le payent, mais bien le public. L'impôt du droit des pauvres n'est pas prélevé sur l'industrie des directeurs, mais sur les plaisirs du public. Quand il a été créé, les directeurs ont augmenté leurs places, non pas du dixième comme c'était justice, mais d'un tiers d'abord et du double ensuite. Depuis deux ans, quelques théâtres ont encore augmenté leurs tarifs. Certains directeurs font même du trafic avec les agences des boulevards. C'est toujours le bon public qui paye. Ce serait à lui à se plaindre et non à MM. les directeurs.

Quand une pièce est bonne, la foule s'y porte et donne ce qu'on lui demande, — le double du prix, s'il le faut.

Quand la pièce est mauvaise, il n'y a pas de recette, ni pour les directeurs ni pour les pauvres; et si l'on abolissait le droit des hospices, dans ce dernier cas, les directeurs n'en seraient pas plus riches pour ça.

Paris, impr. Paul DUPONT, rue Jean-Jacques-Rousseau, 41.

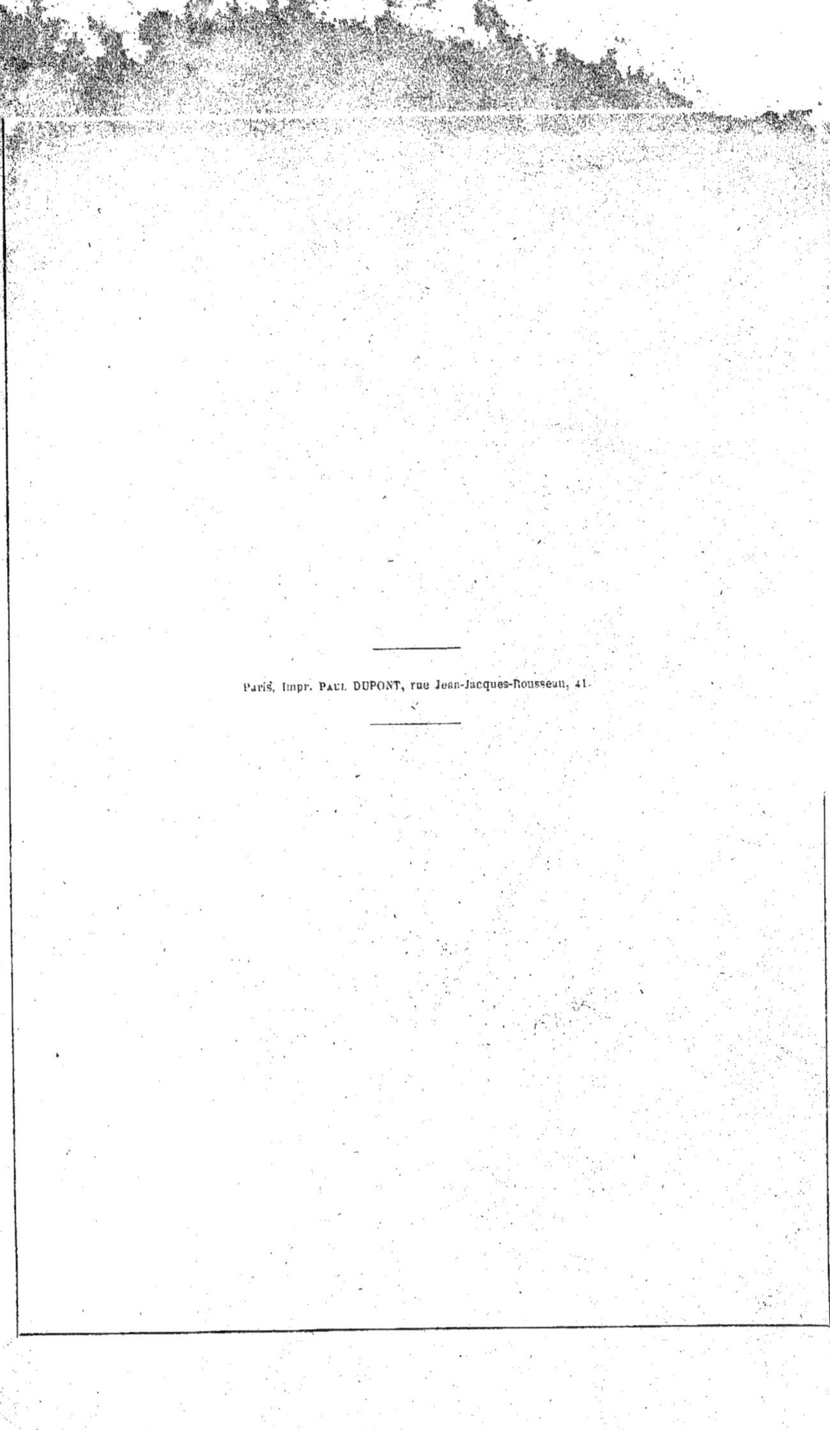

Paris, Impr. PAUL DUPONT, rue Jean-Jacques-Rousseau, 41.

www.ingramcontent.com/pod-product-compliance
Lightning Source LLC
LaVergne TN
LVHW010039230826
846091LV00005B/1784
9782014458459